DONA DE SI
SUZANA PIRES

O MANUAL DA MULHER QUE FAZ ACONTECER

DONA DE SI
O MANUAL DA MULHER QUE FAZ ACONTECER

DVS Editora Ltda 2022 – Todos os direitos para a língua portuguesa reservados pela Editora.

Nenhuma parte deste livro poderá ser reproduzida, armazenada em sistema de recuperação, ou transmitida por qualquer meio, seja na forma eletrônica, mecânica, fotocopiada, gravada ou qualquer outra, sem a autorização por escrito dos autores e da Editora.

Artes: Clara Soria

Design de capa, projeto gráfico e diagramação: Bruno Ortega

Revisão: Fábio Fujita

```
        Dados Internacionais de Catalogação na Publicação (CIP)
              (Câmara Brasileira do Livro, SP, Brasil)

    Pires, Suzana
       Dona de si : o manual da mulher que faz
    acontecer / Suzana Pires. -- São Paulo :
    DVS Editora, 2022.

       ISBN 978-65-5695-057-0

       1. Autoajuda 2. Carreira - Desenvolvimento
    3. Crescimento pessoal 4. Empreendedores
    5. Empreendedorismo 6. Mulheres de negócios
    I. Título.

 22-100707                              CDD-658.0082
```

Índices para catálogo sistemático:

1. Mulheres nos negócios : Administração   658.0082

Maria Alice Ferreira - Bibliotecária - CRB-8/7964

Nota: Muito cuidado e técnica foram empregados na edição deste livro. No entanto, não estamos livres de pequenos erros de digitação, problemas na impressão ou de uma dúvida conceitual. Para qualquer uma dessas hipóteses solicitamos a comunicação ao nosso serviço de atendimento através do e-mail: atendimento@dvseditora.com.br. Só assim poderemos ajudar a esclarecer suas dúvidas.

ORGANIZAÇÃO
ANNA LEE

DONA DE SI
SUZANA PIRES

O MANUAL DA MULHER QUE FAZ ACONTECER

www.dvseditora.com.br
São Paulo, 2022

Aos meus pais, Maria Elizabete Carvalho e João Felippe Pires, pelo empenho em me proporcionar a melhor educação possível.

PREFÁCIO

LUIZA HELENA TRAJANO

Suzana Pires nos faz um convite para cada uma de nós ser uma DONA DE SI.

A pandemia fez muitas pessoas tirarem seus projetos das intenções e transformá-los em ação, e um dos bons resultados desse movimento foi sermos brindadas com este livro da Suzana Pires, Dona de si: o manual da mulher que faz acontecer, que nos conta em detalhes a sua caminhada profissional até chegar à criação de seu instituto.

Essa filósofa, autora e atriz traz reflexões extremamente importantes para mulheres que questionam cotidianamente sobre seus trabalhos e suas vidas; que estão em busca de um protagonismo, independentemente da posição que ocupam ou do tipo de ofício que exercem.

Impossível não nos enxergamos nas histórias de vida contadas no livro, pois nossas dúvidas e questionamentos encontram eco e conforto em muitas delas, fortalecendo-nos. Suzana aponta que nossas fragilidades podem se tornar a nossa força e nos convida a sermos protagonistas de nossas vidas, a sermos uma DONA DE SI.

Diante dessa pandemia tão grave, estamos todas refletindo sobre a nossa saúde, sobre o que queremos deixar de legado no mundo, cientes de que precisamos assumir a liderança e o protagonismo não só de nossas vidas, mas de nossas comunidades – e este livro nos estimula à ação.

Que todas possam ler e se motivar, como fez a nossa querida e incansável Suzana, e se assumir como uma DONA DE SI!

É o momento ideal para o lançamento desta obra.

Eu não fui uma criança quietinha e concentrada, então coube aos meus pais enxergarem qualidades que "faltavam" em mim e investirem para que eu conquistasse pelo menos um pouco delas. Para que eu tivesse disciplina, eles me colocaram na ginástica rítmica, por ser um esporte competitivo. Para que eu pudesse enxergar o mundo como um território sem fronteiras, fui aprender línguas, e, para entender e vivenciar as diferenças, estudei em escola pública, onde construí amizades com colegas de diversas etnias, credos, e diferentes níveis de poder aquisitivo. Era o Colégio Pedro II, onde estudam desde filhos de presidentes de empresas até alunos que precisam de doação do uniforme escolar.

No Pedro II, éramos todos iguais. Não havia predileção pelo estudante mais "clarinho" e mais "riquinho". Não. Jamais vi isso acontecer em minha formação acadêmica. Ao contrário: todos nós tínhamos que seguir as regras institucionais, manter uma média alta no boletim e não repetir de ano. Caso contrário: rua.

Na época do vestibular, já trabalhava como atriz, e o combinado com meus pais era: eu poderia escolher o curso que quisesse, contanto que estudasse. Então, decidi cursar filosofia, uma formação que somou imensamente à minha carreira de atriz e de autora. Mais tarde, senti necessidade de ter uma formação em gestão, pois já havia entendido que minha carreira não aconteceria se eu mesma não a administrasse. Fui fazer o curso da Organização das Nações Unidas (ONU) para empreendedores, que é ministrado no Brasil pelo Sebrae. Fora os cursos de interpretação com Camilla Amado, Fátima Toledo, os cursos oferecidos por O Tablado e Théâtre du Soleil, os de roteiro com John Truby, José Carvalho, Eliseu Altunaga e Guilhermo Arriaga, além do ShowRunner Drama Series, em Los Angeles. Sim, sempre estudei muito; isso me faz sentir que eu tenho raízes sólidas. Inclusive quando falho ou não domino determinado assunto. Por ter o músculo do aprendizado bastante exercitado, para mim não é difícil superar o "não sei fazer", o que me concede um poder especial: saber que vulnerabilidade é algo que orienta o caminho da minha força.

Por toda a criação que recebi de meus pais – permitindo que eu me tornasse uma profissional em busca de excelência, uma mulher dona da minha vida e uma pessoa com amor pelas outras pessoas –, sou imensamente grata!

AGRADECIMENTOS

À minha irmã, Giselia Carvalho, ao meu cunhado, Eduardo Brasil, e à minha afilhada Gabi, eu agradeço o amor, a escuta e toda motivação que recebo sempre!

Aos amigues e suas trocas fabulosas: Viviane Duarte, Bruno Astuto, Bruno Chateaubriand, Luana Xavier, Eliane Dias, Caroline Moreira, Silvia Machado, Carol Muzzi, Maythe Birman, Renato Santos, Maria Maya, Cande Salles e Thalita Rebouças.

À minha coach profissional, Virginia de Gomez; à agente de licenciamento, Andreia Bonetti; ao meu editor, Sergio Mirshawka; e ao meu empresário, Marcus Montenegro, a confiança absoluta na qualidade das minhas entregas. À organizadora do imenso material deste livro, minha parceira, Anna Lee.

À Marina Caruso, pelo convite para escrever uma coluna na Marie Claire online, que se tornou a coluna "DONA DE SI". E a toda equipe da revista, formada por mulheres que admiro imensamente: Dri Ferreira, gratidão pela troca de alto nível, e Laura Ancona, obrigada pela manutenção do espaço! O tempo em que trabalhamos juntas foi o responsável pelo nascimento de tudo isso! À Daniela Falcão, *former* CEO da editora Globo/Conde Nast, que publica a *VOGUE Brasil*, ex-casa da coluna "DONA DE SI", agradeço a coragem de abrir esse assunto para suas leitoras e a confiança em mim. Pauli Merlo, obrigada pela acolhida, e Clô Lima, obrigada pela troca gigante entre nós! À Forbes Mulher on-line, atual casa da coluna DONA DE SI, agradeço a confiança. Aos meus mestres profissionais, agradeço as oportunidades de crescimento: Camilla Amado, Fátima Toledo, John Truby, José Carvalho, Fanshen Cox, Flavio Garcia da Rocha, Cininha de Paula, Walcyr Carrasco, Katrina Woods, Sandro Rodrigues, Anna Muylaert, Rosane Svartman, Clélia Bessa, Renato Santos, Walther Negrão, Jane di Castro, Rogéria, Glória Perez, Luiza Helena Trajano, Ana Fontes e Nathana Lacerda.

SUMÁRIO

APRESENTAÇÃO
Antes de começar, alguns pontos XV

PARTE 1
SUZI, VOCÊ NASCEU DONA DE SI? 1
A semente DONA DE SI 4
Estudo 5
Experiência 8

PARTE 2
TORNANDO-SE DONA DE SI: PASSO A PASSO PARA FAZER DESABROCHAR O PODER QUE HÁ DENTRO DE VOCÊ 10
Passo 1 – Como se levantar mais forte depois das rasteiras? Desenvolvendo a resistência 15
Passo 2 – Construindo a independência (pagando seus boletos e esfregando na cara dos despeitados) 29
Passo 3 – Como montar equipes e fazer dar certo esse bando de gente diferente? 51
Passo 4 – O que eu aprendi depois de tantas lutas? 62
   Nossas colegas, nossas histórias 71
   Teste para identificar a sua persona 90
   Resultado do teste de persona 94

Aprendendo a ser protagonista – Como a sua fragilidade pode se tornar a sua força?..108

Com a palavra, nossas DONAS DE SI..125

Passo 5 – O que eu deixarei para o mundo?........................128

O caso da venda das bolsas de marca 130

Voltando ao dia a dia de impacto do instituto 135

A pandemia chegou trazendo desafios a serem vencidos e muitas perguntas a serem respondidas 144

Uma DONA DE SI é líder, portanto... 147

Como hackear o sistema?..153

Como eu penetrei no sistema e o alterei 155

PARTE 3
ASSUMINDO UM COMPROMISSO COM VOCÊ MESMA: "VOCÊ QUER REALIZAR SEUS SONHOS DE MENINA?"...............158

EPÍLOGO – AGORA É A SUA VEZ...................................165

CONTRATO...167

BIBLIOGRAFIA...169

APRESENTAÇÃO

ANTES DE COMEÇAR, ALGUNS PONTOS

Este livro é um convite para que você se torne DONA DE SI. Mas, para que possa ter segurança em tomar a decisão de embarcar nesta jornada comigo, vou pontuar algumas coisas:

#PONTO ZERO

O CONCEITO

O que é ser DONA DE SI?

É ser uma mulher livre e independente, que se vê como empreendedora de si mesma, levando sua vida adiante, sempre em direção à próxima etapa da sua caminhada. Não importa se é empregada de uma empresa, dona do próprio negócio ou funcionária pública: uma DONA DE SI sabe para onde está indo.

Para que ser DONA DE SI?

Para formarmos um mercado de trabalho e de negócios de mulheres mais livres, independentes e protagonistas, que encaram sem medo as limitações impostas pelo mercado masculino, contornando as dificuldades com o objetivo de construir um NOVO MERCADO, a partir da diversidade de liderança.

Como ser DONA DE SI?

Reconstruindo o cenário para mulheres dentro do mundo dos negócios, em vez de adaptar-nos ao mercado de trabalho criado por homens. Tornando-nos protagonistas de nossas vidas, por meio de autoconhecimento, desenvolvimento pessoal, senso de comunidade, independência financeira e emocional, intraempreendedorismo – incentivando suas funcionárias a cuidar de seu negócio como se fosse delas.

O que acontece com quem é DONA DE SI?

Ao aceitar o convite para se revelar ao mundo como DONA DE SI, inevitavelmente você terá de enfrentar as fragilidades que estão em seu interior e que se mostram como conflitos intensos que a impedem de exercer seus talentos de forma plena. Com uma estruturação simples de cinco personalidades femininas, vou ajudá-la a enxergar com clareza os pontos positivos e negativos de cada tipo e a descobrir, por meio de um teste, em qual deles você se encaixa. Dessa maneira, você vai conhecer suas "vilãs internas" e, então, positivar todas as suas características, tornando-se protagonista de sua vida.

#PONTO 1

Meus motivos para convidá-la a ser DONA DE SI

- \#   Encarar as limitações impostas às mulheres pela sociedade patriarcal;
- \#   Acabar com nossa adequação às regras masculinas do mercado de trabalho;
- \#   Construir um novo mundo dos negócios a partir da visão feminina;
- \#   Retirar o manto invisível da cultura machista de cima das mulheres para que elas possam revelar ao mundo todas as suas competências.

#PONTO 2

O que significa quando eu digo que cada uma de nós pode ser DONA DE SI?
\#   DONA DE SI é uma semente que existe dentro de todas nós, mulheres. No entanto, a história ocidental patriarcal e misógina abafou o crescimento dessa semente dentro de nós, fazendo-nos acreditar que somos frágeis, incapazes e dependentes. Este livro é a semente necessária para que sua DONA DE SI se torne uma bela árvore interna de força e crença em si mesma.

#PONTO 3

Contra o que vamos lutar?
\#   Contra o sistema que impede as mulheres de se tornarem protagonistas no mundo.

#PONTO 4

Qual é a meta?
\#   Causar uma VIRADA na sua vida, ajudando-a a identificar o que atrapalha seu caminho para que você destrave seu crescimento.

#PONTO 5

Por que ajudá-la a ser DONA DE SI é importante para mim?
\#   Porque acho valioso que todas as mulheres entendam que nossa sensualidade não anula nossa inteligência; que ser ambiciosa é respeitar nossos desejos e fazê-los acontecer; que exercitar a parceria entre mulheres, acabando com a competição entre nós, é fundamental para nos fortalecermos tanto individualmente como em grupo;

\#   Porque, ao apoiá-la, fortaleço em mim a sororidade, a independência, a diversidade e a liberdade no mundo.

#PONTO 6

Qual é minha condição para ajudá-la a ser DONA DE SI?

\# Eu não gostaria que você lesse o que vem por aí e pensasse: "Lá vem mais um livro dizendo como devo me comportar". Não é esse meu propósito, e não procederei nesse sentido. Ao contrário: este é um livro para incentivá-la a ser autêntica.

#PONTO 7

Como saberei se consegui ajudá-la a ser DONA DE SI?

\# Ao tomar conhecimento de que você está mais segura nas suas decisões e fazendo as mudanças de que precisa para sua vida fluir da melhor maneira;

\# Ao confirmar que você tem mais autoestima e autoconfiança, e que alcançou seus objetivos;

\# Ao descobrir que você alcançou relacionamentos saudáveis, independência financeira, e que você se ama.

#PONTO 8

Que preço pagarei para realizar o objetivo de apoiá-la a ser DONA DE SI?

\# Eu sei que meu objetivo é ambicioso, pois mexe nas estruturas do que vivenciamos até agora no mercado de trabalho. Sendo assim, para que eu não fracasse, precisarei estar disposta a encarar pessoas com raiva da minha motivação em quebrar paradigmas. Mas eu *não tô nem aí para essa gente careta e covarde*.

#PONTO 9

Do que você precisa para alcançar o objetivo de ser DONA DE SI?

\#   Ler este livro até o final;

\#   Fazer as tarefas do livro;

\#   Ter compromisso com você mesma.

#PONTO 10

Você poderá me contatar quando precisar?

\#   Sim! Estarei sempre disponível para ser contatada através dos canais:

E-mail: contato@institutodonadesi.org

Instagram: @institutodonadesi e @suzipires

Ou fazendo parte da nossa rede DONA DE SI no **WhatsApp:** (21) 99766-1317

PARTE 1

SUZI, VOCÊ NASCEU DONA DE SI?

Simone de Beauvoir, ensaísta e romancista francesa, cunhou a frase "Ninguém nasce mulher: torna-se mulher", em *O segundo sexo* (1949),[1] livro que inspirou o movimento feminista nos anos 1960. Na obra, ela analisa como se dá esse "tornar-se mulher" na França do pós-guerra e como se manifesta a subordinação feminina nesse contexto.

Parafraseando Simone às avessas, eu digo que nasci dona de mim, mas me tornei protagonista da minha vida numa longa jornada. E, há muito tempo, planejo contar em livro essa caminhada, como forma de dizer para todas as mulheres que elas também podem ser DONAS DE SI.

Pois bem, acredito que agora eu descobri como escrever este livro. Fazendo *big* parênteses: assinei contrato com a editora há três anos, recebi uma parte do pagamento e não consegui entregar o trabalho – atitude que jamais tive! Esta vem sendo a escrita mais difícil da minha vida. Eu não sabia como estruturar a narrativa de um livro, se tinha estofo suficiente para ser conselheira de alguém; pensava se eu não estava sendo pretensiosa e tentando ser mais do que sou. Mas o negócio é que só recentemente aprendi que a quantidade de luz que existe em alguma coisa é a mesma da de sombra.

Ainda entendi que, quando a gente reconhece nossa vulnerabilidade, a força vem de lugares nunca antes pensados. E foi com uma força extra que consegui escrever este livro, a força da Anna Lee, que me foi trazida pelo meu novo empresário, Marcus Montenegro, para me ajudar a resolver a "questão do livro". Marcus é muito prático e me sugeriu a contratação de uma autora, sênior, mulher, que tivesse afinidade de ação e crença comigo, para organizar todo o material que eu já tinha escrito, em partes. De início, resisti, mas, ao conhecer a Anna e trocarmos as primeiras impressões, senti que, por meio de todo esse material, ela havia compreendido desde a minha fragilidade até minha força, e o principal: ela é uma DONA DE SI.

---

[1] Simone de Beauvoir, *O segundo sexo*, Rio de Janeiro, Nova Fronteira, 2008, 2 v.

Então, partimos para a prática. Anna é ainda mais organizada do que eu, trabalha com datas, é ponta firme, brotou e regou a sua própria semente DONA DE SI, mostrando-me que sua parceria é mais agregadora do que eu poderia imaginar!

Preciso falar também da minha *coach*, Virginia de Gomez, que organiza os testes e as partes práticas que você vai encontrar aqui. Neste momento, estou enlevada, orgulhosa do fato de este livro que está chegando às suas mãos ser fruto do encontro e da soma de forças entre mulheres!

Cada vez mais, acredito que, para cada sucesso, há inúmeros fracassos. É sobre o equilíbrio dessa balança que eu pretendo escrever. Sobre o que significa realmente estar viva, entrar na arena e enfrentar o combate. Posso garantir que alcançar o sucesso não é o mar de rosas e medalhas de ouro que algumas pessoas querem que a gente acredite. Não existe mágica. Sucesso é encarar os próprios demônios e parabenizar-se por tal coragem. É ter pavor de algo, mas encará-lo mesmo assim. Sucesso é assumir que errou e tentar de novo, depois de analisar e mudar o que não deu certo. É arriscar-se, renovar-se e transformar sua alma e a de quem estiver à sua volta.

Neste livro, vou contar como eu, uma garota nascida no Rio de Janeiro, no bairro do Rio Comprido, de família de classe média, sem qualquer contato no meio artístico, conquistei o espaço inédito de trabalhar como atriz, autora, empresária, criadora da marca Dona de Si, fundadora do Instituto Dona de Si e empreendedora de mim mesma. Vou mostrar que você também pode transformar sua jornada num sucesso, seja lá em que ponto dela estiver. E, se você quiser, vou acompanhá-la nos primeiros passos até que tenha confiança para seguir sozinha. Pois, no final de tudo, eu quero – e sei que vou – vê-la brilhar!

A SEMENTE DONA DE SI

Desde criança, meu maior prazer sempre foi inventar histórias e dar vida a elas. Na infância, eu utilizava a varanda da casa dos meus avós em Araruama, na região dos lagos, no Rio de Janeiro, como palco; a família e os vizinhos, como público; e as amiguinhas, primos e primas, como elenco. Claro que eu era a autora, a diretora *and* a protagonista. E tudo isso sem me importar se alguém estava me achando egoísta, abusada ou mandona. A brincadeira era assim e fluía naturalmente. Meu primo Marcelo se encarregava da trilha sonora composta não só de músicas, mas também de sons produzidos por ele com objetos que pegávamos de casa, outra amiguinha fazia roupas improvisadas, e esse era nosso melhor divertimento.

Na pré-adolescência, algumas pessoas começaram a dizer que a minha gargalhada era muito alta, que eu deveria colocar um short embaixo da saia, que meus movimentos estavam muito exagerados e que, para cada coisa que eu quisesse fazer, deveria dar satisfação para um ou outro. Pronto. Não demorou para o caos chamado adolescência instalar-se na minha vida, uma fase da qual eu sairia uma jovem mulher autêntica ou castrada.

Meus pais jamais foram pessoas retrógradas, mas eles são eles e eu sou eu, não é mesmo? Então, era natural que, principalmente na minha adolescência, tivéssemos visões de mundo diferentes e crenças conflitantes. Ou seja, enquanto o meu desejo de ser artista crescia, aumentava na mesma medida a preocupação deles, que sempre me diziam: "Você precisa ter uma profissão certa, garantir um salário em outra atividade para ser artista". Consigo entendê-los e respeito a posição deles. Mas, na época, a única coisa que me restava era me rebelar e tentar negociar as minhas escolhas com eles, demonstrando que eu sabia aonde queria chegar e não era uma doidinha sem prumo.

Sempre gostei dessa negociação e, hoje, entendo o motivo: esse exercício de me comprometer com combinados e escolhas estava me fazendo uma pessoa de palavra, que ia até o fim naquilo que se propunha e o fazia com dedicação total. Meus pais estavam me dando aquilo que me seria muito útil no futuro: disciplina.

Não pense que foi fácil, tivemos inúmeros conflitos, conversas e mais conversas, até que, enfim, eu pudesse despontar como empreendedora de mim mesma.

ESTUDO

A escola sempre foi um ponto inegociável nas nossas discussões em casa. Ao entrar para o curso de teatro O Tablado, com 15 anos de idade, repeti o segundo ano do ensino médio e comecei a questionar a necessidade de continuar estudando. Foi um dos piores momentos da minha vida e o mais difícil em família. Concluí o segundo grau à força. E, na época do vestibular, eu já estava ensaiando uma peça profissional, pela qual recebia um salário para atuar. Mas... Havia o combinado com meus pais. Então, passei a me dedicar igualmente aos ensaios e aos estudos. Resultado: eu mal dormia e comia.

Minha obstinação em sempre querer dar conta de tudo surgia ali, e a consequência não foi tão vitoriosa: meu desempenho no vestibular foi péssimo. Não em nota. A verdade é que eu não consegui marcar um X em nenhuma questão, porque desmaiei quando o inspetor falou: "Podem virar a prova e começar".

Eu tive um *burnout*. Este seria meu primeiro apagão por intenso esgotamento físico e mental. Hoje, olhando para trás e tendo passado por isso outras vezes em situações-limite, percebo que a consciência de que tenho vulnerabilidades – como todo ser humano – me torna uma mulher mais dona de mim mesma. O papel de protagonista da própria vida exige um autoconhecimento profundo, o que inclui, principalmente, lidar com seus limites. Mas, nessa época, eu ainda não sabia disso.

Nesse episódio do vestibular, meus pais e eu percebemos o grau de comprometimento que eu tinha com a nossa negociação. Foi a primeira vez que me senti eu mesma, em toda minha inteireza, com toda minha disciplina e responsabilidade, mas também com todo meu exagero.

Meus pais concordaram que eu deixasse o vestibular de lado, pelo menos naquele momento, e me dedicasse à peça. Fizemos uma turnê pelo Brasil, e eu experimentei, como tanto ansiava, a vida de artista profissional. Mesmo descobrindo que não se tratava só do glamour de dar entrevistas, entendi que era aquilo que eu queria para minha vida. Reafirmei meu desejo com força e passei a fazer escolhas que somassem à minha decisão.

No ano seguinte, resolvi prestar vestibular para filosofia, que eu já amava e sabia que poderia acrescentar conhecimento ao meu trabalho de atriz e também ao meu futuro como autora. Nessa época, eu já escrevia, mas morria de vergonha de mostrar meus textos para as pessoas e os mantinha engavetados. Eu não entendia nada de estrutura de dramaturgia e fui atrás disso. Além das aulas na faculdade, fiz um curso particular intensivo com a Camilla Amado, por meio da qual tive acesso a uma biblioteca com as mais importantes obras da dramaturgia universal.

E, como sou intensa, intensidades eu fiz! Busquei na dramaturgia da época o que estava aprendendo na filosofia, cruzando pensamento e arte. Foi assim que comecei minha pesquisa de dramaturgia filosófica. Parênteses: você jamais imaginou que a "mulher da janela", a Glorinha – teúda e manteúda – da novela *Gabriela*, tivesse estudado isso, não é?!

Além de artista, eu queria me tornar a mulher que eu nasci para ser. E nunca tive dúvida de que essa batalha seria diária.

Antes de entrar para a faculdade e para o teatro, aos 14 anos, quando era aluna do colégio Pedro II, eu ganhei dos meus pais a "bíblia feminista" de Simone de Beauvoir: *O segundo sexo*, que já mencionei. Sim, um engenheiro de telecomunicações e uma advogada me presentearam com esse livro. Acho que meus pais já estavam cientes da filha que tinham e colaboraram para que eu tivesse conteúdo feminista, entendesse a minha luta de maneira séria e não me limitasse a replicar jargões.

Até hoje, considero incrível o forte diálogo silencioso que passou a existir entre mim e meu pai (um cara de voz grossa e bigode, da geração de homens que fumavam e tomavam uísque). Esse cara, o João Felippe, estava prestando atenção em mim e instrumentalizando-me para quando as minhas brigas fossem com o mundo, e não mais com ele. Na minha adolescência, ao me ver rindo alto e botando minha alegria para fora, ele entendeu, para sempre, quem eu era. E, garanto, um pai entender a filha é de uma importância suprema, uma bênção divina, porque ele focou no que realmente importava: conduzir-me para a melhor faceta de mim mesma. Ah, pai, que cara bacana você é!

Já minha mãe me mostrou que idade jamais seria um limitador na minha vida. Ela realizou o sonho de se tornar advogada com mais de 40 anos, e essa é uma das maiores inspirações que tive durante minha adolescência. Minha irmã, sete anos mais velha do que eu, também sempre foi uma mulher comprometida com suas realizações: aos 16 anos, ela já trabalhava numa grande empresa como técnica em eletrônica. Constantemente, eu a via como a única mulher no meio de seu grupo de trabalho – o que fez com que eu jamais tivesse receio quando precisei enfrentar a mesma dinâmica de ser a única mulher nos espaços de trabalho onde havia poder envolvido. Minha mãe e minha irmã são as grandes inspirações femininas para mim.

Entendi bem cedo que tentar agradar aos outros e pertencer a um *status quo*, definitivamente, não me importava. Eu iria construir a minha trajetória (na verdade, já o estava fazendo) sob os meus parâmetros e escolhas, e não seriam "regras antiquadas" que me colocariam *dentro da caixa*. Quando tomei tal decisão, a vida começou a fluir mais facilmente para mim, porque passei a fazer atividades e conviver com pessoas que não me julgavam por eu ser "a diferente", pelo contrário: elas me instigavam a explorar cada vez mais a vida.

EXPERIÊNCIA

Enquanto eu continuava estudando filosofia e fazendo teatro, experimentei um novo meio de exercer meu ofício de atriz: a televisão. Fui contratada pela TV Manchete para fazer parte do elenco da novela *Tocaia Grande*, baseada no romance homônimo de Jorge Amado, sob  a direção de Regis Cardoso e, depois, de Walter Avancini. Eu gostava da dinâmica da televisão, de gravar em estúdio e também em cidade cenográfica. Aprendi muito com meus colegas de cast, mas detestei as práticas de relações de poder que eram estabelecidas ali e, quando a novela terminou, decidi que eu só voltaria à teledramaturgia depois que eu tivesse uma identidade artística própria, independente da TV.

O teatro me dava trabalho todos os dias da semana. Às segundas e terças-feiras, eu fazia *stand-up comedy*; às quartas e quintas, peça em horário alternativo; e, nos fins de semana, peça adulta. Eu estava conquistando meu lugar no mercado de teatro profissional do Rio e de São Paulo e era uma atriz-que-trabalhava, mas ainda não era uma atriz-com-uma-voz. A faculdade de filosofia me alimentava, satisfazendo minha sede de conhecimento, porém eu ainda não tinha como "encher meu próprio copo", ou seja: eu ainda não tinha como exercitar minha voz própria.

Continuei trabalhando e aprendendo muito, até o dia em que meu "copo interno" começou a encher, e a necessidade de contar uma determinada história me levou a ser produtora de mim mesma no teatro. Desde então, fui obrigada a me aproximar de uma consciência mínima de gestão de negócios e de autogestão, já que eu precisava gerenciar os caminhos das minhas peças teatrais e também a minha trajetória profissional.

E assim começa a história que eu vou contar.

PARTE 2

TORNANDO-SE DONA DE SI: PASSO A PASSO PARA FAZER DESABROCHAR O PODER QUE HÁ DENTRO DE VOCÊ

Passo a passo para fazer desabrochar o poder que há dentro de você

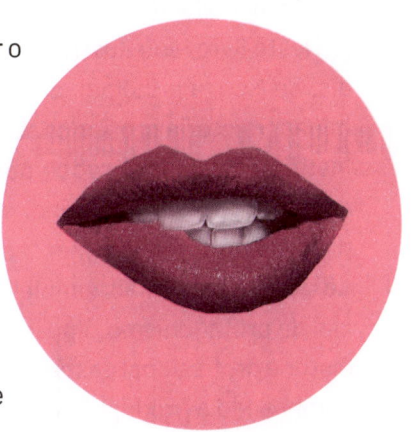

A história que eu vou contar é a da minha jornada DONA DE SI. Na época em que a iniciei, ela não tinha esse nome, mas culminou na coluna, na marca e no instituto, permitindo que outras mulheres fizessem seu próprio percurso para alcançar o protagonismo de suas vidas, como aconteceu comigo.

A JORNADA TRANSFORMADORA DONA DE SI é um método de ensino para que mulheres se tornem empreendedoras de si mesmas, ou melhor: protagonistas de suas vidas, não importando idade, origem, cor, raça, credo ou condição financeira. O instituto se baseia na convicção de que toda mulher tem, em seu interior, a semente DONA DE SI, que seria a capacidade de acreditar na própria competência, de modo a fazer desabrochar seu talento nato. Esse "talento nato" é aquilo que você tem de melhor e que pode ser, sim, monetizado, tornando-se o meio pelo qual você irá pagar seus boletos, liderar seu plano de negócios como um plano de vida e cultivar relacionamentos saudáveis, dando uma virada na eventual direção equivocada à qual sua vida está indo. O Instituto Dona de Si acelera todo esse percurso por meio de ações sobre as quais vou falar ao longo deste livro.

Tornar-se DONA DE SI é um processo de transformação pessoal que, didaticamente, dividi em cinco grandes etapas:

1. desenvolvendo resistência;
2. construindo a independência;
3. pertencimento;
4. o que eu aprendi;
5. o que eu deixarei para o mundo?

Neste livro, vou ilustrar cada etapa com minhas experiências pessoais. Se isso, a princípio, parece muita coisa, já que estamos falando da minha trajetória profissional, eu lhe garanto que não é. Na plataforma do Instituto Dona de Si, você pode fazer a JORNADA TRANSFORMADORA entre seis meses e um ano, para que o seu desenvolvimento pessoal e profissional fique sedimentado. Mas, aqui, na dinâmica deste livro, farei de uma maneira mais simples, para que você tenha uma experiencia inicial de protagonismo. Vou lhe contar a respeito de cada etapa da minha história profissional desde que decidi tomar as rédeas da minha carreira, começando a produzir meus trabalhos no teatro aos 19 anos, até agora. O que posso garantir é que será um percurso simples e leve, e, quando menos esperar, você já estará uma mulher diferente, valorizando-se mais.

Toda mulher que chega ao instituto é considerada, em sua individualidade, uma protagonista em potencial que precisa abandonar a sua vilã interna para ter a real noção de suas forças e também de suas fragilidades. A fragilidade não é algo ruim, ao contrário, quanto mais conhecemos esse nosso lado, mais temos a chance de manejar tudo aquilo que diminui nossas forças e nos sabota. Assim, somos conscientes de quem somos, aniquilando a vilãzinha interna que teima em nos enfraquecer.

Quem é a sua vilã interna? É aquela voz que sopra no seu ouvido que *você não tem capacidade para realizar seus sonhos*. Reconheceu? Ótimo! A partir de agora, será fundamental que você a identifique e a deixe no "mudo". Pode ser um tanto trabalhoso fazer isso, mas, com acolhimento, escuta empática e eu aqui dizendo que *você não está sozinha, eu a entendo*, o processo será tranquilo. Você dará risada da sua vilã interna, mandando-a ir perturbar outra pessoa!

Por que posso dizer que a entendo? Porque eu também tenho minha vilã interna, já duvidei de mim mesma e fui sabotada por não conhecer minhas fragilidades. Portanto, eu já estive no momento de vida em que você está agora. Podemos ter histórias diferentes, mas não há quem de nós não tenha passado pela experiência de se ver confrontada com a ordem patriarcal capitalista – baseada na exclusão das mulheres do trabalho e em sua subordinação aos homens – que comanda grande parte do mundo desde o século XV, quando o capitalismo começou a tomar forma.

A escritora caribenho-americana, negra e lésbico-feminista Audre Lorde alertou: "*Não se pode destruir a casa do amo com as ferramentas do amo. Nosso desafio é criar outras ferramentas*". Assim, acredito que cada mulher precisa acertar o ritmo em que vai caminhar, a partir do autoconhecimento e do entendimento de como funcionam suas capacidades, corpo e hormônios. Hormônios? Sim, caríssima, diferentemente dos homens, nós somos um poço de água, e isso é biológico. Nós sentimos mais, intuímos mais, choramos mais e não temos como fugir disso. Desse modo, não há como querermos ser iguais aos homens. Como o *playground* foi construído por eles, vamos perder sempre. Temos que criar o nosso próprio parque de diversões profissional e arrasar de tanto ganharmos dinheiro!

Na prática, por exemplo, não é possível utilizarmos um *plano de negócios* qualquer tirado da internet, que não leve em consideração se temos endometriose ou uma cólica horrorosa, se em um ou dois dias por mês não conseguimos nem raciocinar e, muito menos, se temos que conjugar a profissão com filhos, casa e um monte de outras tarefas. Sabemos que a sobrecarga de atividades ainda é a realidade feminina, então como vamos nos planejar em cima de um documento criado por quem não tem nada disso para considerar? Percebe a cilada? Isso nos leva ao fracasso, óbvio! Mas, se construirmos o nosso próprio *plano de negócios*, ao qual chamo de *plano de vida*, aí, sim, começamos a arar nosso terreno.

Não tenho dúvida de que a melhor maneira de conseguirmos *nosso espaço* é formando alianças com outras mulheres. Em seus dois anos de existência, o Instituto Dona de Si tem promovido essa união feminina por meio dos nossos grupos de WhatsApp, Telegram e Facebook, em que celebramos nossas vitórias, fechamos parcerias, dividimos mágoas e conselhos. Além das redes sociais, temos a plataforma do instituto, em que já aplicamos a JORNADA TRANSFORMADORA DONA DE SI para mais de mil mulheres, que conseguiram até dobrar seus faturamentos, ajustando sua gestão, acreditando nas inovações e monetizando ideias vindas do coração. Não acreditamos na frase: "Isso aí não dá dinheiro". Para nós, tudo pode dar dinheiro, desde que seja bem planejado, executado e liderado. É o fim dos limites que nos são impostos até mesmo por pessoas que amamos: **não há sonho que não dê lucro.** Registrou?!

Desde que começou como uma coluna online, numa grande revista de moda, DONA DE SI gerou um impacto direto junto a 500 mil mulheres e, se contarmos o efeito potencializado nas redes sociais, esse número já ultrapassou mais de 10 milhões. Nesse período, consegui estabelecer um vocabulário comum com essas mulheres, multiplicar a consciência de que temos capacidades e competências. Já em relação a alunas da nossa plataforma, por meio da jornada, das *masterclasses* ou das nossas mentorias, vimos chaves virarem rapidamente, no sentido de muitas mulheres aumentarem seu faturamento, darem fim a relações abusivas e passarem a acreditar na sua autenticidade, com segurança. Hoje, nosso índice de mulheres vitoriosas gira em torno de 68%, fazendo com que este seja o método mais eficaz para que uma mulher alcance uma vida plena. E tenho alegria em afirmar que, passo a passo, você também será uma DONA DE SI.

PASSO 1 – COMO SE LEVANTAR MAIS FORTE DEPOIS DAS RASTEIRAS? DESENVOLVENDO RESISTÊNCIA

O primeiro desafio que se impõe no início da sua jornada DONA DE SI é o de agir com consciência. Quando eu e uma amiga (a atriz e diretora Maria Maya) decidimos produzir a peça *Do outro lado da tarde*, baseada em dois textos de Caio Fernando Abreu, um dos meus escritores preferidos, mas que não é nem um pouco fácil de montar, não tínhamos isso em mente e cometemos erros pertinentes à falta de consciência. Nossas ações foram dando certo até um determinado momento, mas quando a consciência passou a ser um diferencial, nós vimos que erramos. E, para acertamos a passada, fomos obrigadas a *trocar o combustível com o avião já no ar*. Acompanhe essa treta.

Como tínhamos o desejo, mas não o dinheiro, para realizar a peça, procuramos a pessoa que administrava o centro cultural Casa da Gávea, lugar que achávamos que tinha tamanho e perfil adequados para nosso espetáculo, e propusemos: "Não temos dinheiro agora, mas confiamos muito que teremos público e faremos uma boa bilheteria. Vocês topam?". Eles toparam, e assim fizemos uma negociação com cada profissional envolvido, o que permitiu que a peça existisse. Ou seja, *cooperativamos* o espetáculo: todos ganhavam da bilheteria, e o aluguel de equipamento de luz e som também tiraríamos dessa grana. O pouco dinheiro que tínhamos – das nossas parcas economias –, investimos no cenário, no figurino e nas fotos de divulgação.

O lançamento da peça teve uma ampla cobertura da imprensa, e a nossa estreia lotou! De convidados. Mas, no segundo dia, a realidade se revelou para nós: vendemos apenas dois ingressos! Sim, eu disse dois ingressos – que devem ter sido comprados pela minha mãe e pelo meu pai! Com isso, não conseguíamos cobrir nem o custo de um refletor, e o resultado era: a cada dia que passava, devíamos mais!

Tínhamos agido com a consciência dos iniciantes, que só pensam em pôr o sonho de pé e acreditam imensamente na sorte. Isso é um erro? SIM. Muita gente o comete? SIM. Muita gente desiste depois disso? SIM. Mas você não precisa passar por esse sufoco. É só AGIR COM CONSCIÊNCIA. Não deixe de ter uma provisão financeira para os dias ruins. E, tão importante quanto a parte financeira, estruture bem seu marketing. Esse também foi nosso erro.

Acreditamos que a peça atingiria todos os públicos, mas não foi o que aconteceu. Jamais um autor como Caio Fernando Abreu, sob a direção do Gilberto Gawronski, seria um produto de entretenimento popular. Estávamos levantando uma peça de arte, cult, para um público mais seleto, e nos esquecemos de levar esses pontos em consideração na hora da divulgação. Nosso foco foi amplo demais, e nosso produto era segmentado.

Você não precisa ser uma gênia do marketing. Se souber o nicho do seu público, onde ele está, e fizer a divulgação com esse foco, aumentam suas chances de empatar as contas no começo da realização do seu sonho. Hoje, as redes sociais facilitam muito essa tarefa. Estude marketing digital na plataforma do Instituto Dona de Si e entenda como funciona a seu favor.

Em 1998, não tínhamos essa ferramenta e muito menos a consciência de que conhecer a relação público/cliente para cada produto oferecido é fundamental. Assim, sem marketing e sem provisão, não conseguimos verba para honrar nosso compromisso com o teatro, os técnicos de luz e som e o aluguel dos equipamentos necessários para a apresentação.

Isso nos causou um baque emocional.

EMOÇÃO
SEGURAR A ONDA

A sensação era a de dar de cara na parede a 100 km/h. Tomamos um *chacoalhão* da realidade, o que acontece com muitas empreendedoras. No meio empreendedor, é quase uma normalidade o primeiro negócio falir. Mas eu estou aqui para fazê-la pular essa etapa. Não, você não precisa de tanta decepção para aprender como estabelecer seu negócio. Sou absolutamente contra essa romantização do fracasso, como se isso conferisse dignidade à empresária. Ah, me poupe! Vamos encurtar esse caminho. Uma DONA DE SI não tem tempo a perder com erros evitáveis.

O meu erro e o da Tunica (apelido da Maria Maya) era evitável, mas já que não o evitamos, optamos por encará-lo. Olhei para as dívidas de maneira verdadeira, anotei-as no meu famoso caderno de contas, negociei prazos para pagá-las e parti para a guerra!

Quando me dei conta, eu estava fazendo comercial de bicicleta ergométrica, em canais de televenda, e anunciando até analgésico vestida de embalagem do remédio para, com os cachês, acertar as contas com os credores. Nessa leva de erros, fizemos uma boa opção: mantivemos as apresentações, não contraímos dívidas novas e, o mais importante, sentamos para conversar.

Fomos a uma loja de conveniência num posto de gasolina, compramos duas cervejas e fizemos o mea-culpa. Foi um dos momentos mais bonitos que já vivi com uma parceira de negócios. Não nos isentamos, fomos honestas e, ali, sentadas na calçada, derrotadas, tivemos a ideia que poderia vir a salvar nosso empreendimento. Decidimos enviar o projeto da peça para diversos festivais de teatro, que, na época, aconteciam em muitas cidades do Brasil. Esse era o nicho do nosso produto, eram nesses eventos que as peças mais cult iam bem, recebiam cachês e conferiam credibilidade aos artistas. E: pá! Acertamos. Na semana seguinte ao envio do projeto, recebemos três convites dos maiores festivais do país. Assim, com os cachês que recebemos, pudemos acertar as dívidas e ainda recuperar o que tínhamos investido. Ufa.

Quero que você preste atenção em alguns pontos: éramos mulheres muito jovens e artistas. Ou seja: tínhamos a soma perfeita para uma briga cheia de acusações de lado a lado. Mas subvertemos a lógica esperada e SEGURAMOS A ONDA DA EMOÇÃO, agimos em parceria e nos mantivemos mais empresárias do que artistas em busca de uma solução. Até hoje, tenho muito orgulho desse insight de consciência regado à cerveja que tivemos.

É nesse ponto que as sociedades acabam, os acordos malfeitos se revelam, a falta de postura consistente se apresenta. Não deixe isso acontecer, caríssima DONA DE SI. Se a sua sócia surtar diante de uma adversidade, não permita que essa emoção perturbadora arraste você para a lama da inconsciência, pondo tudo a perder. Você está lendo este livro, então, em termos de maturidade, já está à frente de mulheres que não o leram ainda. Reerguer-se após o primeiro baque profissional é o trampolim necessário para levá-la mais longe. Não se esquive da sua responsabilidade em apresentar saídas, segurar sua onda, não explodir e saber trilhar o caminho da superação. Não culpe os outros pelo problema que você mesma criou. Assuma. Analise. Resolva.

ENCERRAR
O CICLO

Tunica e eu seguimos em frente com a peça: fizemos as apresentações nos festivais e ainda montamos uma turnê por cidades com teatros no perfil certo para aquele tipo de produto. Durante essa fase, em que seguramos *o touro do fracasso à unha*, vivemos uma série de aventuras: conhecemos artistas estrangeiros, novas linguagens teatrais, caímos em ciladas com produtores locais fajutos e tivemos sucesso trabalhando com produtores muito profissionais.

Numa dessas cidades, acho que em Porto Alegre, Tunica e eu tivemos outra conversa que norteou nossos próximos passos: paramos para entender tudo o que tínhamos feito até aquele momento, sobre os objetivos de cada uma na carreira e o que esperávamos conquistar com a peça. Hoje, eu nomearia isso de "alinhamento de expectativa". Algo fundamental no início de uma parceria; mais uma vez, *trocamos peças do avião durante o voo.*

Em outro papo honesto, entendemos que nossos objetivos eram similares: produzimos a peça para que pudéssemos existir para o mercado; ela, para não ser vista apenas como filha de dois grandes diretores de dramaturgia; eu, como uma atriz que produz seu próprio trabalho. A essa altura, já estávamos havia dois anos envolvidas com a peça, e nossos objetivos vinham sendo alcançados. Conseguimos, assim, encerrar o ciclo dessa peça com três conquistas importantes:

1. As dívidas zeradas. Ficamos no zero a zero, não tivemos lucro, mas também não ficamos devendo nada. Nós reinvestimos o que ganhamos para a turnê;
2. Exercitamos o músculo da parceria entre mulheres;
3. Passamos a existir para o mercado artístico, e a comprovação disso foram os convites para bons trabalhos que recebemos.

Decidimos que era hora de "guardar o cenário", deixar a peça em descanso e finalizar aquela fase de nossas vidas. É claro que, na época, eu não tinha a consciência necessária para avaliar como fomos maduras para lidar com as frustrações, segurar nossas emoções e superá-las. Éramos vencedoras, e entendi ali que o caminho somos nós quem fazemos, com as possibilidades financeiras e a consciência emocional que temos no momento. E que o mais importante é a evolução. Para seguir em frente, era necessário finalizar aquele ciclo, honrando-o. Entendi que evoluir não significa não errar nunca mais, significa melhorar a maneira de errar e de consertar o erro. Até hoje, eu e Tunica temos um amor e uma admiração incondicional uma pela outra, e a origem disso está no grande aprendizado e na maturidade que desenvolvemos juntas.

Em seguida, produzi uma peça que foi uma "surra de aprendizado", por ter sido a primeira produção com um patrocínio alto que eu estava encabeçando. Nessa experiência, cometi muitos erros na gestão de pessoas, mas também aprendi gestão de crise.

Vou começar do início. Eu ainda não tinha segurança e autoconfiança suficientes para assinar um texto, então propus a uma amiga, que já era roteirista, a escrita de um texto baseado num dos livros de Simone de Beauvoir. Eu queria falar sobre a pressão do casamento na vida de uma mulher, e Simone nos dava conceitos e levantava questionamentos absolutamente pertinentes. A encomenda do texto aconteceu por volta de 2001, mas a produção só saiu em 2004, porque não daria para fazer sem dinheiro de patrocínio. Eu queria dar um passo maior em termos de qualidade e gestão. Para isso, abri minha produtora e comecei o périplo da captação de recursos, por meio da Lei Rouanet.

Atenção: Lei Rouanet não é um bolo de dinheiro que o Ministério da Cultura dá para um artista. Não repitam discursos mentirosos, por favor. Uma DONA DE SI não se presta a ser joguete de briga covarde.

A Lei Rouanet é um "certificado" que o Ministério da Cultura concede ao seu projeto, após análise rigorosa de orçamento e de toda a documentação da sua empresa, para que você possa captar recursos, por meio de abono de imposto de renda de empresas. É demorado o processo de obtenção da autorização de captação e mais ainda o de conseguir que uma empresa acredite no projeto e invista parte do imposto que pagaria ao governo na sua arte.

Em 2004, finalmente, consegui o investimento de uma empresa de hotelaria: eles depositavam na conta do projeto – vinculada ao Ministério da Cultura (MinC) –, e eu precisava gastar exatamente aquilo que havia apresentado no orçamento original; qualquer custo que fosse distinto era necessário explicar. Justo e correto. Afinal, é dinheiro público e precisa ser gerido com responsabilidade.

Pois bem, o primeiro pagamento que eu fiz foi para a autora do texto. Assinamos um contrato em que havia a data de entrega e eram previstos também ajustes no texto, caso necessário; além disso, escolhemos juntas a diretora para a peça e as atrizes. Quando começamos a ensaiar, fui tomada por uma felicidade tão imensa que só me importava a peça, as personagens, tudo o que era artístico, e a minha sócia produtora lidava com pagamentos, contratos, toda a parte administrativa. Porém, nessa equação de gestão, eu me esqueci de inserir um dado: a administração de pessoas.

Decidimos que faríamos exercícios sobre o tema, com a autora presente nos ensaios, para que ela pudesse escrever a partir dos nossos improvisos; ela adorou a ideia, e assim foi feito. Eu mergulhei de cabeça nisso e não percebi surgir uma animosidade entre a diretora e a autora. Quando eu vi, já era tarde demais: as duas não podiam mais ficar no mesmo ambiente que seria briga na certa.

O que aconteceu foi que, ao me pôr como uma líder *a serviço*, acabei não estabelecendo um *limite*. A maneira livre de trabalhar instaurou a diretora na posição de "chefe" e, tomando esse espaço, ela se sentiu mais importante do que a autora, que, por sua vez, ficou fragilizada e não conseguiu escrever o texto. Em resumo: a autora não entregou o texto inteiro a tempo da estreia, causando um estresse imenso na equipe. Com isso, a diretora usou cenas que havíamos feito nos improvisos para compor a peça. Ficou horrível. Eu não havia trabalhado tanto para obter como resultado uma produção bagunçada como ficou, mas precisei entubar a realidade, pois o contrato com o teatro, com o patrocinador, com a empresa de mídia e todos os envolvidos não previa adiamento sem multa, e essa verba não estava disponível!

A peça estreou no Rio, e a autora só conseguiu entregar o texto duas semanas depois, mas, naquele momento, não dava mais para refazer tudo. Aí, a briga da autora passou a ser comigo, que era a produtora, a líder, e que tinha feito o que todas haviam solicitado. A autora exigia que eu pusesse em cena o texto integral dela, só que não dava para interromper a temporada. Eu não sabia como resolver o problema! Até que parei, pensei, fiz minha lista de prioridades, problemas e soluções (por isso insisto que lista é a melhor maneira para voltarmos ao prumo), e entendi que: 1) o texto que a autora entregou, mesmo com atraso, era o motivo de todo o meu trabalho, portanto, precisava ser utilizado; 2) a diretora não estava se comportando de maneira profissional, desrespeitando a autora e também a mim, apresentando uma infantilidade profissional que inviabilizou sua permanência no projeto.

Era minha hora de aprender que servir é também limitar o espaço de cada um, então eu, a dona do sonho, tive que conduzir aquele trem desgovernado e trazê-lo de volta à direção correta. Assim, tomei as seguintes decisões: finalizei a temporada do Rio antes do previsto, separei uma parte dos recursos que eu gastaria em mídia e refiz a peça com o texto da autora. Dessa forma, finalmente estreei em São Paulo a peça pela qual eu havia trabalhado tanto para fazer acontecer. Mantive o elenco, a direção ficou nas mãos de uma das atrizes, supervisionada por mim. Fomos fiéis ao texto, porque esse era o objetivo, em primeiro lugar, e o espetáculo foi um sucesso absoluto! Ficamos em cartaz de quarta a domingo, com casa lotada todos os dias.

O curioso é que, entre a liderança servil livre e a liderança servil com limites, entendi que a segunda é a que evita crises pessoais, além de ser a melhor para qualquer gestão. Quando passei a servir ao texto e dei limites às ideias que não estavam de acordo com as minhas e às da autora, tive outro tipo de problema: o ego ferido – o que é bem mais tranquilo de conduzir do que o ego inflado.

Ao final da temporada, não levei a peça para turnê, minha energia havia acabado. Mas a sensação de dever cumprido e sonho realizado estava ali, dentro de mim. E também o indicador de uma ótima gestão financeira: com o orçamento de uma peça, montei duas! Como? Conseguindo parceria em serviços de mídia, que é sempre o mais caro. Ufa! O turbilhão havia passado, e eu aprendi uma lição que levei para toda a minha vida profissional dali em diante: JAMAIS FINJA QUE NÃO ESTÁ VENDO AS ANIMOSIDADES DENTRO DA SUA EQUIPE.

À primeira vista, parece muito desgastante administrar pessoas individualmente. Em grupo, dentro de uma equipe, parece ser insuportável. Mas não é. Depois desse episódio, tomei gosto por gente e, nos trabalhos em que estive na liderança, passei a "escanear" cada profissional, antes mesmo de contratar. Entender as forças e fragilidades de cada um evita as crises. E tenha em mente: uma crise NUNCA é gerada por máquinas, mas pelas pessoas que operam as máquinas. Então, gerenciar crise é gerenciar fragilidades, inseguranças e devaneios.

Essa produção foi uma grande escola para mim. Depois de guardar o cenário no depósito, fiz mais uma avaliação, agora já fora da crise, distanciada, e decidi que:

1. jamais teria sociedade, eu sou a líder;
2. sempre deixaria nítidos e bem explicados os lugares e as responsabilidades de cada um na equipe;
3. caso alguém insistisse em não entender qual é seu espaço e seu dever, não teria discussão: seria demitido.

Com isso, eu estava deixando de ser uma administradora de pessoas com um olhar fantasioso para ter uma observação mais profissional, com menos "amiguices", fazendo cada trabalho ficar ainda mais comprometido, mas sem deixar de ser leve. Devo dizer que esse erro eu não cometi novamente. Mais uma vez, era preciso honrar aquele ciclo para seguir em frente.

HONRAR
PRA CONTINUAR

Quando falo honrar, significa honrar tudo, os bônus e os ônus. Não dá para ser DONA DE SI sem ser dona do processo inteiro, pois é isso que vai garantir sua credibilidade profissional.

Atenção: não pense que uma história de empreendedorismo artístico seja diferente de qualquer outra. Pode ser a aula que você leciona na faculdade, o brinco que você faz, o concurso que você queira prestar. Para qualquer caminho que seja construído, você terá que ser uma empreendedora de si mesma, uma DONA DE SI, e cada não que disser como limite para o outro será um sim para a boa condução do seu projeto.

SER #DONADESI É SER DONA DA EXPERIÊNCIA INTEIRA. NÃO SÓ DO QUE FOI BOM.

Então, para encerrar este Passo 1, deixo uma última dica, mesmo sabendo que não é algo fácil de fazer: encontre uma maneira de honrar todo o trajeto que você percorreu; seja escrevendo sobre ele, seja dando um tempo para sua cabeça assimilar tudo o que viveu, seja lá da forma que escolher; mas faça isso. Meu truque pessoal é fazer listas, e minha sugestão é que você comece por aí. Trata-se de uma boa prática para se conhecer melhor. Liste suas vitórias, suas derrotas, os motivos de ambas, e jamais culpe outra pessoa: se você é a líder, a responsabilidade é toda sua. Seja responsável pela experiência completa e experimente a força nova que já vive em você, que será acordada: a força da responsabilidade, a força da mulher que não aceita vitimização.

Nós, mulheres, temos um DNA histórico – muitas vezes mais relevante do que nosso DNA biológico – que exige estarmos o tempo todo em ação, sobrecarregadas, exaustas, fazendo com que nos esqueçamos de validar nossas experiências de ontem, tanto vitórias quanto derrotas, mas, principalmente, vitórias. Isso é autossabotagem. Esteja atenta à organização do seu tempo, à sua "obrigação" inconsciente de ser a boa moça de família. Chega, né? A menina boazinha não constrói nada que valha a pena. Nesse sentido, vale a pena dar uma olhada nas biografias de Madre Teresa de Calcutá ou Irmã Dulce. Mesmo as verdadeiras SANTAS podem ser, cada uma a seu modo, DONAS DE SI.

PASSO 2 – CONSTRUINDO A INDEPENDÊNCIA (PAGANDO SEUS BOLETOS E ESFREGANDO NA CARA DOS DESPEITADOS)

Essa etapa é aquele momento da sua vida ou do seu negócio em que você fala: "Eu já errei bastante e aprendi um monte de coisas, agora já posso construir algo que dê certo e me dê a tão sonhada independência financeira. Vou me pôr à prova".

No mercado, dão um nome belíssimo para isso: empreendedorismo. Esse é um termo muito usado no âmbito empresarial e, muitas vezes, está relacionado com a criação de novos negócios ou, em empresas que já existem, normalmente, com mudanças e riscos. Eu sempre entendi que empreendedorismo é uma maneira de agir na vida como um todo: quanto àquilo com que me identifico e do qual quero fazer, aonde pretendo chegar e ao propósito que me motiva.

VOCÊ É SEU PRÓPRIO NEGÓCIO

A sensação de se imaginar DONA DE SI, com as rédeas das decisões de sua vida nas mãos, é maravilhosa. Não tem como negar. Mas tenho que deixar aqui um alerta: a única função disso, a princípio, é pagar boleto. A parte boa disso, no entanto, é que quanto mais você pagar seus boletos, mais perto estará de ser uma mulher livre, dona de seus pensamentos e, principalmente, responsável por suas escolhas; gostem os outros ou não. Não há romantismo, mas uma realidade prazerosa.

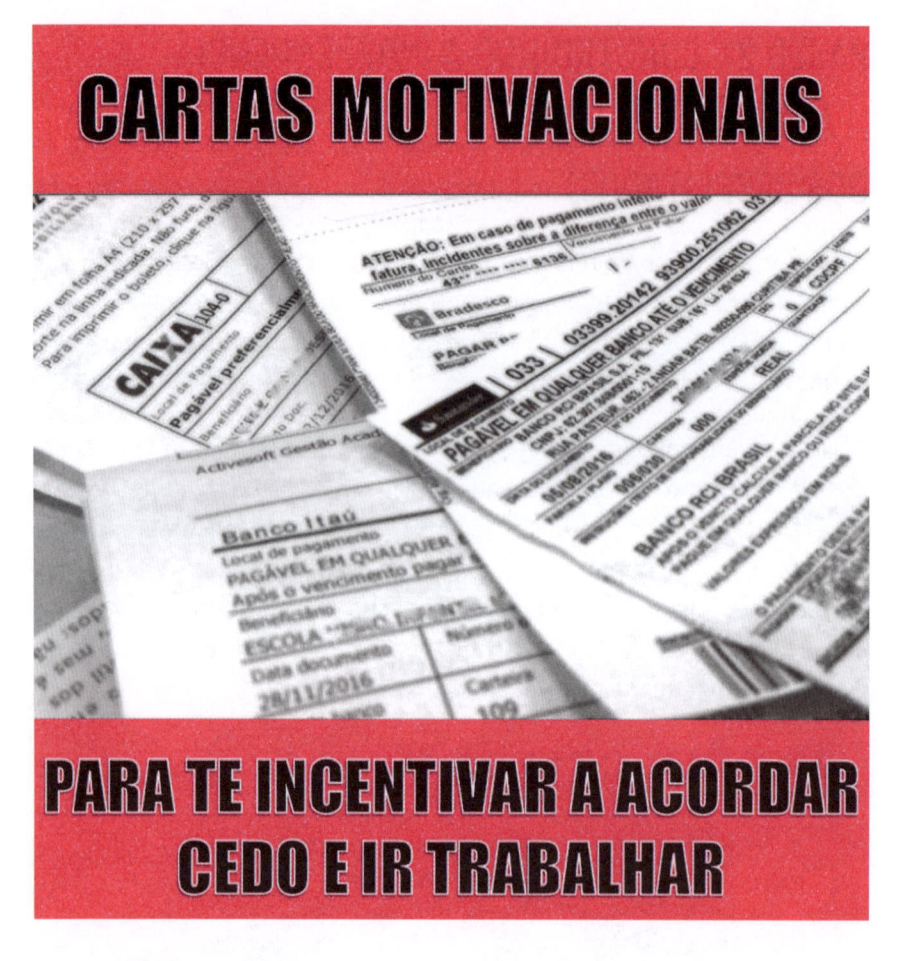

CARTAS MOTIVACIONAIS
PARA TE INCENTIVAR A ACORDAR CEDO E IR TRABALHAR

A partir do momento em que você tiver seus boletos quitadinhos, a sua vida profissional estará sob seu controle. Por isso, nessa etapa, o seu foco tem que ser pagar suas contas no final do mês; só assim você vai conseguir deixar de ser uma mulher procrastinadora, ou que tem muitas ideias e não finaliza nenhuma, ou ainda que fala mal das outras mulheres que são independentes. Pagar suas contas vai removê-la da dimensão VILÃ da sua vida!

Como todas as escolhas que fazemos na vida, isso tem seus prós e contras. Lembre-se: você escolheu ser DONA DE SI. Então, prepare-se porque, quando estiver cheia de dívidas, já que não existe outro caminho para começar a conquistar sua independência profissional – a menos que tenha nascido abastada –, muita gente vai ficar no seu ouvido dizendo que você é louca por ter arriscado tanto. E o pior é que, quando chegar a fatura do cartão de crédito e não conseguir pagá-la integralmente, você vai se pegar dando razão para essas pessoas, com o impulso de passar por elas de cabeça baixa, pensando: "Elas me avisaram, mesmo assim, eu insisti e fiz'm.'".

UM FILME DE TERROR CHAMADO A FATURA DO CARTÃO DE CRÉDITO

Por outro lado, mesmo que consiga fazer o dinheiro para honrar seus compromissos, você tem grandes chances de se enrolar quando a grana começar a entrar. O motivo disso é que você – como a maioria das mulheres – não teve educação financeira na escola e muito menos em família. Não se martirize! Ao primeiro sinal de confusão monetária, compre um caderninho de contas e faça sua planilha DONA DE SI – que pode ser baixado no nosso site.

Aos poucos, você vai ficar "amiga" do seu dinheiro e conseguirá se organizar com ele, separando o que é custo pessoal e o que é custo do negócio; aprenderá a juntá-lo e como fazer para multiplicá-lo, até que vai chegar a hora em que poderá olhar de frente para as pessoas que a julgavam "louca" e dizer: "As coisas são desse ou daquele jeito porque o negócio é meu, eu decidi assim, e hoje já sei administrar minha riqueza". Sim, pode ser pouco ou muito dinheiro, você estará gerando riqueza, abundância e fazendo parte da cadeia que sustenta a economia do país. Ou seja, você vai poder esfregar na cara de todo mundo que é uma mulher que paga seus boletos, que é uma DONA DE SI.

Mas, para que isso aconteça, você tem que se levantar e encarar as batalhas de sua jornada. Essa é a hora em que é preciso entender qual é a diferença entre vergonha e necessidade, porque é aqui a bifurcação crucial em que você vai escolher o caminho que quer seguir: voltar para dentro do quarto e se esconder com vergonha por não se sentir capaz de ir à luta, inventando mil desculpas para si mesma e permitindo ser assim apartada do mundo; ou sair desse lugar pela necessidade de pagar boletos e pelo desejo de alcançar seus objetivos, seu propósito e tudo mais que vai deixar esse caminho divertido e atraente. E aí, bonita: qual vai ser a sua escolha?

Acredite em mim: a obrigação de pagar sua água, sua luz, sua comida e sua moradia é boa e forte. É ela que vai protegê-la de relacionamentos abusivos e violência doméstica, proporcionar-lhe crescimento espiritual e felicidade plena, além de conduzi-la à próxima etapa: SEU NEGÓCIO DECOLOU!

Foi isso o que *De perto ela não é normal!* representou na minha jornada: independência.

Essa peça não foi simplesmente um texto que eu escrevi e montei. Foi uma declaração de crença na vida, que veio do fundo da minha alma. Foi uma exposição. Talvez, a maior exposição em que eu já tenha me colocado, pois não havia mais nela uma Suzi tão forte e decidida, como muitas vezes tentei me mostrar. Tinha uma Suzi em dúvida, sem saber muito bem o que fazer para construir seu caminho. Havia uma mulher *loser*, convencida de que tudo em que tocava dava errado: o alter ego de uma empreendedora de si mesma que estava pondo para fora toda sua vulnerabilidade. Penso que esse enfoque que eu dei ao texto, tão natural e de coração, foi, inclusive, o que fez com que o público se identificasse tanto com a peça, permitindo que ela permanecesse durante quinze anos viva e multiplicando-se em diversos conteúdos.

Quando resolvi montar *De perto ela não e normal!*, eu estava numa fase de vida em que já tinha me formado na faculdade de filosofia, produzido algumas peças para atuar, estava no mercado, mas ainda sem a minha voz própria, ou seja: eu era mais uma. Após a formatura, eu já me sentia segura para apresentar-me como autora, porque era isso que Aristóteles, o filósofo grego, mais me ensinara. Com meus trabalhos anteriores, eu havia conseguido entrar no mercado, tornando-me uma *working actress*, como o americano gosta de chamar uma atriz que trabalha. Com uma participação aqui, uma peça ali, outra participação acolá, eu trabalhava muito, mas ainda não tinha afirmado meu propósito. Não havia dito a que vim.

A sensação era de que faltava assinatura na minha carreira, portanto, entendi que tinha chegado a hora de dar a cara à tapa como atriz, autora e produtora. Atenção: pôr assinatura nas entregas é para todo tipo de carreira, não importa qual seja. É preciso dizer: esse é o meu jeito de fazer, é nisso que acredito, e essa é a excelência da minha entrega. Estava na hora, não sei se "certa", mas era a hora da coragem, do "ou vai, ou racha", afinal, eu já tinha estudado, experimentado, e estava cheia de boletos para pagar. Então pensei: agora, vou arriscar geral. Escrevi *De perto ela não é normal!* em apenas uma semana!

Calma. Também não foi assim: eu estava no banho quando, de repente, tive uma ideia genial e o texto veio pronto na minha cabeça. Não! Eu vinha me preparando para isso, conhecia estrutura de texto e estava havia algum tempo anotando ideias num caderninho. Naquela semana, eu me fechei em casa, me desliguei do mundo e escrevi uma história sobre uma mulher que quer "chegar lá", mas não sabe como. Ela tenta diversos caminhos sobre os quais outras pessoas disseram ser os "corretos" e, em cada um deles, se dá mal de maneira engraçada. Até que ela se reconecta com sua menina – sim, a criança que ela foi um dia – e faz tudo de acordo com o que essa criança acreditava. A partir daí, a vida da protagonista dá certo! E ela "chega lá", quer dizer "chega aqui", ao seu próprio coração.

Ao terminar de escrever a peça, não pensei duas vezes: peguei um dinheiro que eu tinha na poupança – sabe aquela grana que dá para viajar nas férias com as amigas para uma praia divertida? – e investi numa primeira montagem do texto. Eram R$ 3 mil. Valor irrisório para uma peça profissional, mas a montei assim mesmo: a produção era eu, uma cadeira e umas roupas; não tinha direção nem equipe, era tudo da minha cabeça. Fui fazendo apresentações nas escolas de teatro onde eu dava aula e, em dois meses, já estava no zero a zero com o investimento. Não tinha lucrado nada, mas recuperara o valor investido e lucrara em algo que é de valor imensurável: segurança! Fiquei absolutamente segura sobre a qualidade do produto de entretenimento que eu havia gerado, além de ter conseguido mapear meu público-alvo. Bingo! Já dava para dar o próximo passo: aumentar o alcance.

Como boa produtora que sou, fiz uma pesquisa robusta de todos os editais e concursos de texto que estavam abertos naquele momento e inscrevi a peça nuns tantos. E não é que acabei ganhando um deles?! Sim, era um edital da Caixa Econômica Federal para autores iniciantes com peças mais baratas de montar. Veja bem, não era um montante alto, R$ 25 mil; mas, para mim, uma fortuna! Consegui contratar o diretor, meu parceiro querido Flavio Garcia da Rocha; a diretora de arte Ellen Milet, gênia e generosa; um técnico de som e luz; e dois assistentes de produção, Gustavinho Klein e Tarik Puggina, que, mais tarde, se tornariam profissionais sensacionais: um nos musicais, o outro como um superprodutor. Foi assim que comecei a fase dois da trajetória do espetáculo *De perto ela não é normal!*.

O sucesso foi estrondoso! No segundo dia, tive que fazer sessão dupla; no terceiro, meu pai teve que ir para a bilheteria, porque tinha cambista vendendo ingressos e a polícia foi chamada. Uma loucura. É como se eu estivesse vendendo um bolo e, de repente, todo mundo dissesse: "Eu quero comprá-lo, agora!".

Não sei explicar até hoje como, desde a estreia, as sessões lotavam. Na verdade, sei, sim! Havia muitos fatores propícios para a peça dar certo: era no centro da cidade do Rio de Janeiro, numa quarta-feira, às sete horas da noite. A pessoa saía do trabalho e não queria pegar trânsito, então ia se divertir. Eu não fazia a apresentação dentro do teatro, mas no bar, em cima de umas mesas, onde jogávamos um tapete vermelho (remanescente de outra peça) no qual eu caminhava. O palco era feito de algumas mesas que juntávamos, o que conferia um charme a mais ao *happy hour* da galera. E havia um espaço separado, com umas cadeiras, só para quem ia assistir à peça sem beber ou comer. A estratégia era: fazer quem já estava no bar interessar-se pela apresentação, adicionando, assim, o valor do ingresso na comanda daquela pessoa.

Sim, eu pensei em todo o marketing, inclusive a foto do banner em que eu aparecia com um sorrisão e o título da peça, bem convidativo. Na segunda semana, a gerência da Caixa Cultural contratou a peça para apresentações em diversas unidades dela pelo país; assim, já garanti uma turnê, remunerada! Após a temporada do Rio, lá fomos nós para Salvador, Brasília, São Paulo e Curitiba. Em cada cidade, o público comparecia, eu agradecia, pagava a equipe e meus boletos pessoais.

Então, eu digo para você: não fique escondida, seja lá onde for, vendendo seu produto. Não! Vá para a praia. Vá para a internet. Digitalize-se. Exponha-se. Assuma o que você faz. Entenda onde está seu público, pesquise, trace uma estratégia e venda o seu produto ou serviço. Dessa forma, o sucesso da sua inteligência irá lhe conceder algo de valor inestimável: FORÇA PESSOAL PARA TER VOZ PRÓPRIA!

FORÇA PESSOAL PRA TER VOZ !

Falo isso com tanta convicção porque foi só quando assumi o que estava fazendo, de maneira completa, que consegui entender ser possuidora de uma força pessoal que me concedia voz própria. Tenha em mente que estou contando tudo isso para assegurar que você também tem a semente da força pessoal, e sua voz própria pode, sim, causar impacto no seu nicho de mercado!

Todas nós temos essa força, e a nossa jornada é a revelação dela. Agora, tem uma coisa: nossa força pessoal não brota do nada. Ela acontece no processo de se transformar em DONA DE SI, quase sem que se perceba. Não dá para pensar muito, senão você paralisa e desiste. É no fazer que sua força surge. De posse da sua força pessoal (que envolve o conhecimento da sua fragilidade), na reverberação da sua voz própria, nasce o seu protagonismo.

PROTAGONISMO

A partir do sucesso da peça *De perto ela não é normal!*, comecei a entender o que é protagonismo. E isso não tem nada a ver com fazer carão em foto, nem usar salto alto e muito menos estar maquiada. Protagonismo vem de uma palavra grega que significa: Prota = primeiro e Agon = campo de batalha. Portanto, a protagonista é a primeira que entra no campo de batalha, a que vai levar o primeiro safanão e também o primeiro troféu; é a que protege sua família, sua equipe, seus pares, enfim, todas as pessoas que estão a acompanhá-la na jornada. É a que tem ação e voz, que a fazem chegar primeiro. Por isso, ela é líder, a protagonista.

Agora, é importante sublinhar que: não é toda DONA DE SI que será a líder de tudo, mas será sempre a líder da sua própria vida. Entendeu? Este não é um livro para fazer você líder de pessoas à força. Você será a líder de você mesma, e essa é a grande conquista feminina deste novo século!

Não pense você que, uma vez atingido o protagonismo da sua vida, seu trabalho estará concluído. Não! Liderar é um músculo novo na psique feminina, que exige, portanto, exercício diário, avaliações e ajustes. O músculo do protagonismo feminino que há em cada uma de nós tem que ser treinado com frequência. Com os homens é diferente, porque eles já são criados para ter esse lugar no mundo. Nós, não. Sendo assim, para nós o esforço é maior. Temos que ter também o cuidado de desenvolver nosso protagonismo do nosso jeito, levando em conta nossas emoções, intuições e particularidades: coisas do feminino. Jamais, em tempo algum, pense em liderar como um homem.

As expressões "ela colocou o pau na mesa", "ela é braba como um homem", "ela é tão boa que parece um homem", precisam ser excluídas do mercado; mas, enquanto isso não acontece, cabe a você corrigi-las e não aceitá-las, afirmando que você é "a melhor porque é mulher"! Ok, DONA DE SI?

OBJETIVO

A fase de construir a independência significa ter protagonismo e dinheiro começando a entrar. Se as apresentações da peça estavam lotadas, então eu podia pagar meus boletos e também as pessoas que trabalhavam comigo, e ainda guardar uma quantia para mim.

A partir daí, comecei a ter objetivos para usar aquele dinheiro e para multiplicá-lo. Lembro que um dia, em dezembro de 2006, eu estava num restaurante da Lapa com a equipe da peça e falei: "Anotem aí: em 2011, vou estar na maior casa de show do Rio de Janeiro, lotado, apresentando *De perto ela não é normal!*. Podem escrever isso num papel e guardar!". Adoro fazer essas coisas, porque estou também comprometendo a equipe no meu objetivo e jogando meu desejo para o universo. Estávamos em 2006 e, em cinco anos, eu pretendia colocar 3 mil pessoas numa casa de espetáculo. A questão era: como construir o caminho até lá?

Uma coisa eu sabia: tinha que separar uma parte do dinheiro que estava entrando para reinvestir na própria peça. Foi aí que usei a técnica dos três envelopes. Se você é como eu, ou seja, uma pessoa com dificuldade de fazer contas e que só de olhar para uma planilha fica com a vista toda embaralhada, os envelopes podem ajudar muito.

Na época, eu não tinha ninguém para me ajudar na administração da peça, e teatro não aceitava cartão, era tudo dinheiro vivo. Então, separei três envelopes: num deles, colocava o meu cachê por apresentação; em outro, os pagamentos que tinha para fazer; e, no terceiro, a quantia para reinvestir na peça. O meu dinheiro ia para a minha conta pessoal, o da equipe, para a conta de cada um, e o reinvestimento eu depositava na conta da minha empresa de produção. Foi dessa maneira que me organizei e consegui fazer cinco turnês pelo Brasil, sem patrocínio, a não ser aquele edital para jovens autores lá do início. Como era um monólogo, viajávamos eu, um técnico e uma produtora. Tudo pensado para ter um custo mínimo, com a maior qualidade possível, e para que a bilheteria pudesse pagar bem a todos os "envelopes".

Durante o primeiro ano de peça, houve um fato que não era esperado, mas que tinha como meta: o mercado me viu como atriz e também como autora. Muitos diretores e produtores de elenco de televisão e de cinema foram assistir à peça ou mandaram seus assistentes. Foi assim que, um dia, no camarim, recebi o convite para fazer o teste para o filme *Tropa de elite*, de José Padilha; também fui trabalhar com o José Alvarenga Jr. nos seriados *A diarista* e *Minha nada mole vida*, e na produtora Conspiração Filmes, como roteirista.

O que aconteceu comigo foi como se, de repente, vários investidores descobrissem seu negócio e decidissem investir nele. Quando percebi, eu estava fazendo novela, filme, isso, aquilo e mais a turnê da peça. Minha vida se tornou uma doideira. Eu olhava para aquela movimentação e pensava: "Nossa, eu consegui fazer a estratégia certa para ser vista como queria!". Deixei de ser uma *working actress* para ser uma atriz e uma autora que ganhava cada vez mais o respeito do mercado, à medida que as propostas chegavam e eu fazia entregas de qualidade. Assim foi durante alguns bons três anos.

Essa fase é decisiva para todo negócio gerido por mulheres. São os três primeiros anos a partir do momento em que o dinheiro começa a entrar. É quando acontece uma coisa terrível, particularmente com as mulheres: temos o maior número percentual de fechamentos de empresas. Isso não sou eu que estou dizendo. Uma pesquisa feita pelo IBGE, em 2017, mostrou que nós, mulheres, abrimos mais empresas no Brasil, mas somos também as que mais fecham, sem conseguir sair da fase inicial dos três primeiros anos. Um relatório sobre empreendedorismo feminino no Brasil, lançado pelo Sebrae em março de 2019, também indicou que a conversão de "empreendedoras" em "donas de negócios" é 40% mais baixa em relação ao empreendedorismo masculino (ver gráfico a seguir).

EMPREENDEDORISMO FEMININO NO BRASIL

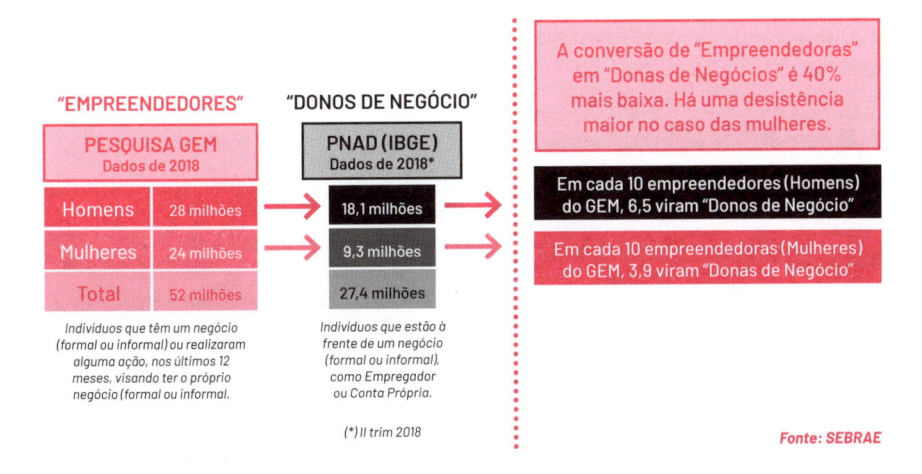

"EMPREENDEDORES"
PESQUISA GEM — Dados de 2018
Homens	28 milhões
Mulheres	24 milhões
Total	52 milhões

Indivíduos que têm um negócio (formal ou informal) ou realizaram alguma ação, nos últimos 12 meses, visando ter o próprio negócio (formal ou informal).

"DONOS DE NEGÓCIO"
PNAD (IBGE) — Dados de 2018*
	18,1 milhões
	9,3 milhões
	27,4 milhões

Indivíduos que estão à frente de um negócio (formal ou informal), como Empregador ou Conta Própria.

(*) II trim 2018

A conversão de "Empreendedoras" em "Donas de Negócios" é 40% mais baixa. Há uma desistência maior no caso das mulheres.

Em cada 10 empreendedores (Homens) do GEM, 6,5 viram "Donos de Negócio".

Em cada 10 empreendedoras (Mulheres) do GEM, 3,9 viram "Donas de Negócio".

Fonte: SEBRAE

Como vamos à falência se somos mais bem formadas do que os homens e geramos 20% a mais de lucro quando lideramos um negócio? Por quê? A resposta não está no nosso instrumental intelectual, mas na covardia do mercado que afeta diariamente a nossa resistência. As principais causas da nossa falência prematura são:

1. a sobrecarga (nossa jornada tripla diária);
2. a opressão misógina do mercado (questionamentos das nossas capacidades) e;
3. a solidão que esses dois fatores nos geram.

Quando eu falo da "covardia do mercado" com as mulheres, estou me referindo aos questionamentos frequentes que temos de enfrentar, a misoginia que os acompanham e a falta de respeito implícito nessas atitudes. Nosso sucesso é colocado em dúvida o tempo todo: "Quem é essa mulher que escreve, produz e atua? Ela não está se achando especial demais, não?". Ou: "Quem é essa aí que está pensando que pode ser uma grande chef?". "E essa outra que quer fazer concurso para juíza?". Pode ter certeza: o mercado (seja ele qual for) vai diminui-la, afinal, nós somos as intrusas no cenário profissional fabricado pelos homens e sofremos opressão diariamente, mesmo que sutil, como nuvens suaves que vão passando dissimuladamente – e, às vezes, grosseiramente mesmo –, para que desistamos e voltemos ao "nosso lugar" de coadjuvantes de grandes machos protagonistas.

O fato é que vivemos numa cultura machista: se a mulher tem bunda, não pode ter cérebro. Mas, como brasileiras que somos, não há jeito, temos bunda e pronto! Por isso, estamos eternamente condenadas a ser meramente corpos? Quantas vezes, sendo a única mulher em equipes de roteiro, durante muito tempo, ouvi: "Achei que a Suzana Pires do texto não fosse a mesma que a atriz". Por quê? Atrizes não têm capacidade para escrever um texto? Ou não é permitido a uma mulher ter multitarefas? Ou não posso ganhar mais dinheiro do que você, ô babaca?! Eu já fui a "Rainha da Resposta Atravessada", porque esse foi o escudo que desenvolvi para sobreviver em meio a tubarões que insistiam em me atirar para fora do mercado.

Caríssima, não pense que entendi esse jogo logo de cara. Não! Meu sofrimento foi enorme, e tentei de tudo para ser levada a sério: ia para as reuniões com roupas que não revelassem minhas curvas, falava de maneira bastante séria, não dava risadinhas para ninguém, até que me percebi travada, distante da minha alma. Decidi, então, que eu agiria nas reuniões de criação sendo eu mesma. Passei a rir do meu jeito, mandar o colega misógino calar a boca quando eu estava falando e, volta e meia, aparecia com uma roupa bem justa e saltos altíssimos, só para deixá-los desconfortáveis diante da minha exuberância.

Quanto medo esses meninos têm da intensidade feminina... Mas eu estava num jogo de "mata-mata" e não iria de forma alguma morrer afogada na sala de roteiro. Eu tinha talento e fazia as entregas dentro do prazo e do orçamento, ou seja: não me concedia o direito de errar. Eu acertava sempre. É claro que toda essa pressão teve um custo alto em sessões de terapia. Mas eles não conseguiram me enfraquecer, e eu sobrevivi aos três primeiros anos no mercado misógino.

Nessa época, eu escrevia um programa de sexo para um canal de TV a cabo e estava em cartaz em São Paulo com duas peças de imenso sucesso: *Toalete*, de Walcyr Carrasco, e *De perto ela não é normal!*. Seria muito difícil eu roer a corda. Mas, para dar conta de tudo, tive que estabelecer uma rotina espartana na minha vida: era trabalho, trabalho e trabalho, poucas festas e muitos namoros fracassados. Fazer o que se aqueles namorados não conseguiam admirar minha batalha?! Eles que lutassem!

Como você pode perceber, a trajetória de uma DONA DE SI está permeada do famoso viés inconsciente misógino, que vem de todo mundo e até de nós mesmas! Na etapa de construir a independência, a maioria das mulheres vive a síndrome da impostora, que é quando você já está alcançando seus objetivos, mas ainda nem se deu conta disso. É assim que começa a descrença na própria capacidade. Aí você olha em volta para buscar ajuda, mas não encontra referências femininas em sua área de atuação; ou, quando há, elas estão muito em cima ou muito embaixo. Então você se sente solitária, acha que tem que dar conta de tudo sozinha e acaba se sobrecarregando. Qual o resultado? Falência.

Esse é o cenário feminino, no mercado de trabalho mundial. Em alguns países mais, em outros, menos. Temos que ter consciência disso e não nos posicionarmos como vítimas, porque ainda vai ser assim com muitas mulheres e por um longo tempo. O que cabe a nós é não entrarmos na autossabotagem, é realmente entendermos o nosso valor e seguirmos em frente com consciência.

No meu caso, depois dos três anos iniciais fazendo *De perto ela não é normal!* num ritmo enlouquecedor, sendo responsável por toda a produção, escrevendo para uma grande produtora e trabalhando como atriz na maior rede de televisão da América Latina, percebi que, se continuasse assim, iria ter um troço. Meu emocional não iria aguentar mais um ano naquela batida. Então, resolvi chamar um produtor para assumir a peça.

Contratei um produtor júnior, porque eu não tinha dinheiro para pagar um casca-grossa, mas, pelo menos, teria alguém para resolver as coisas burocráticas. Esse foi um "investimento-equipe" que eu fiz no meu negócio, para que a sobrecarga não me prejudicasse.

No seu caso, talvez seja aquele momento em que tenha que buscar uma estudante de administração para fazer a gestão de sua empresa, pois você já está misturando pessoas física e jurídica. Aqui é preciso tomar uma atitude para que a sua luta como PROTAGONISTA não seja cansativa. É importante ter uma equipe, mesmo que mínima, para você entrar no eixo, encarar a realidade e ter tempo sobrando para ajustar a direção do seu negócio, porque é a partir desse ponto que começa o entendimento de qual é o seu propósito.

PROPÓSITO

O propósito é aquilo que nos dá combustível para continuarmos a "guerra" no campo de batalha que é a construção da liberdade feminina. É ele que vai definir novos objetivos e nos impedir de fazer uma loucura, de xingar um chefe escroto ou de mandar aquele bando de imbecis se f$#%. Vou dar um exemplo: eu estava começando a aparecer na televisão com uma personagem muito popular, ainda sem familiaridade com imprensa de celebridades, então tinha hora em que queria dar umas respostas malcriadas para os jornalistas, mas me segurava para não estragar tudo. E agia do mesmo jeito nos momentos em que um diretor me falava alguma coisa não muito agradável.

A única coisa que segurava minha boquinha e me fazia ser paciente era o meu propósito. Eu ouvia, fingia que não ouvia ou ria, e não me deixava embarcar na provocação, porque eu tinha um projeto maior: que a minha carreira de atriz e a de autora existissem juntas, e isso estava começando a acontecer. De qualquer forma, eu estava dando os passos iniciais numa construção própria, inédita, que ainda iria me obrigar a correr riscos, a lidar com meu medo e a fortalecer minha coragem.

Então, eu lhe pergunto: se você levar esse exemplo para o seu produto, faz sentido?

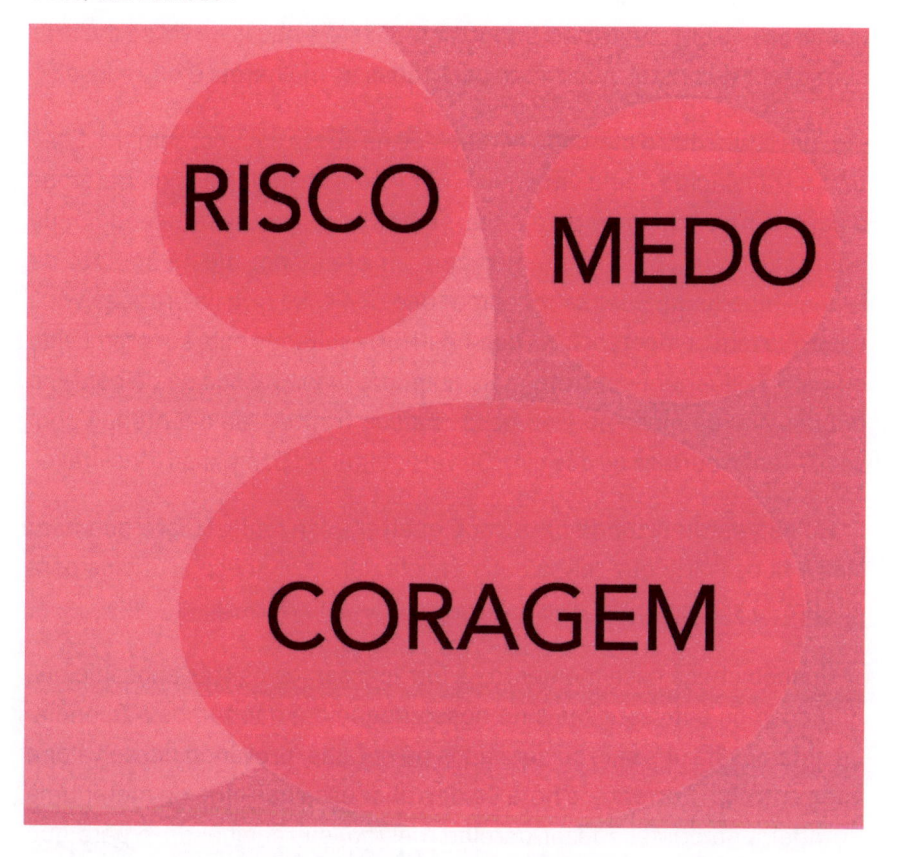

RISCO

MEDO

CORAGEM

Você tem que ter em mente que o propósito é sempre maior do que os objetivos diários. O objetivo é o meio que você utiliza para ir de um ponto a outro. O propósito é o combustível dessa jornada. Depois que você definir seu propósito (e ele pode também mudar a cada etapa) – seja ele dar o melhor para sua família, fazer algum produto para melhorar a vida das pessoas, ou pagar seu apartamento etc. –, será necessário estabelecer um direcionamento com os próximos objetivos, maiores que os anteriores já conquistados, e isso envolve se arriscar.

Veja bem, ainda estamos no Passo 2, que é determinante, pois você vai assumir um risco, que pode ser financeiro, ou uma demanda emocional muito grande, ou ainda o estudo de uma técnica nova para se especializar. Agora, você vai ter que arcar com coisas maiores: uma equipe mais numerosa ou um cargo mais importante. O fato é que você vai se deparar com o teto de cristal, que existe para todas as mulheres. O que é isso?

É um limite que o mercado estabelece na nossa cabeça, sempre. Esse teto é translúcido como um cristal, por isso é chamado assim. Batemos a cabeça nele, olhamos para cima, vemos as coisas acontecendo onde queremos estar, mas não temos como ir até lá, porque há um teto de cristal impedindo. Quer saber como funciona esse teto na prática? Você sabe que tem competência, já demonstrou resultados para ser promovida ou para assinar um contrato mais polpudo, mas, quando se dá conta, o *babaquinha* da mesa ao lado passa na sua frente... Já aconteceu com você? Tenho certeza de que sim. Ou vai acontecer. *Sorry*, mas é inevitável.

Eu não estou dizendo para você aceitar esse limite. Claro que não! Mas é necessário que tenha consciência dele e conheça artifícios para quebrá-lo sem precisar da anuência do chefe *machistão*.

Quando chega esse momento, já ultrapassamos os três anos iniciais, começamos a investir mais no nosso negócio e não fomos à falência. Já estamos há uns seis ou sete anos na batalha, provando nosso valor a cada entrega. Portanto, é hora de derrubar essa barreira, de meter uma britadeira no cristal e fazer barulho mesmo, estraçalhando-o para que possamos ter acesso ao espaço que merecemos. Só não esqueça que esse teto é de cristal, e a mulher que consegue quebrá-lo corre o risco de se machucar com os cacos. Acredite: é assim mesmo que acontece. Umas mulheres se machucam mais, outras, menos. Mas não há como escapar, cabe o aviso. E o que faz os nossos machucados serem curados e só nos restarem cicatrizes? O propósito! Aquele algo maior vai curar suas feridas abertas. Já para as cicatrizes, eu aconselho terapia. É fundamental.

Sendo assim, o risco envolve o medo, que, por sua vez, envolve a coragem. O medo é necessário para a coragem existir, mas esta precisa ser maior e vai ser puxada pelo propósito, que lhe dará resistência.

Adoro esta foto em que estou com uma plateia numerosa atrás de mim, porque ela mostra aonde a coragem me levou. Eu havia dado o maior salto da minha carreira até então. Tinha reinvestido na peça *De perto ela não é normal!*, que lotava todos os maiores teatros do Brasil. O ano de 2011 já ficara para trás, e haver 3 mil pessoas na plateia da peça era normal. Além disso, eu havia saído da grande produtora em que trabalhava e era a única mulher contratada como atriz e autora na segunda maior empresa de televisão do mundo. Eu já estava lá havia alguns anos, assinando como coautora de um autor importante. O teto de cristal estava sendo devidamente quebrado, eu crescia diariamente, aprendia mais, tinha mais responsabilidade e não me dava conta dos rasgos emocionais. Por isso, achei necessário escrever este livro: para que você passe por tudo isso de maneira mais tranquila.

Havia se passado dez anos da estreia da peça e, agora, ela migraria de veículo, estreando a websérie *Look do dia com tia Suelly*, um *spin-off* na plataforma online da empresa em que eu era contratada. Eram treze episódios, eu escrevia com Alê Marson e Thiago Pasqualoto, a direção coube ao meu parceiro Alex Medeiros, e foi o maior *buzz marketing*[2] da plataforma na época – aí já estamos falando de 2015. Assim eu tive a primeira experiência no audiovisual, juntando meus dois talentos: atuar e escrever. Minha felicidade era imensa e percebi que eu precisava entender melhor sobre a união desses talentos num único produto. Decidi, então, estudar em Los Angeles uma maneira, na época ainda nova, de estar no comando de um produto de entretenimento: de ser o famoso *showrunner*, a figura mítica que comanda o show.

Eu havia me dado conta de que, após vinte anos de carreira, minha experiência como produtora de mim mesma, atriz de set de filmagem e autora de TV precisava de convergência de pensamento, e, claro, os americanos (com o domínio desse mercado) já estavam formando e exportando profissionais assim, como: Tina Fey, Shonda Rhimes, Oprah Winfrey, Reese Witherspoon, para citar algumas mulheres. E lá fui eu passar por uma seleção de currículo e de domínio de inglês, além de empenhar uma boa grana que eu tinha juntado, voando para Los Angeles quando o dólar saltou para R$ 3,00!

---

2   *Buzz marketing* é um tipo especifico de trabalho de marketing que visa a disseminação de propaganda de um produto ou serviço através de cadeias de consumidores. Conforme Arthur D. - Wikipédia.

Lá pude perceber que a misoginia e a opressão também aconteciam, mas as mulheres estavam mais organizadas e já agiam em rede por meio de organizações como o Geena Davis Institute on Gender in Media e algumas outras. Além de aprender a unir meus talentos para trabalhar como *showrunner*, também fui picada pela "mosca da rede feminina" – fato que guardei para agir num momento de mais maturidade.

Voltei dessa experiência direto para uma série de apresentações do *De perto*, e a imagem anterior mostra que eu tinha me reconectado com a menina da varanda, aquela que fazia teatrinho para familiares e vizinhos na casa dos avós, em Araruama. Ela estava ali, presente! Tinha voltado para mim com toda sua força. Sei disso porque uma sensação de liberdade, a crença de que eu estava fazendo o melhor que podia e a certeza de que a vida tinha sentido, por pior que as coisas fossem – sentimentos que só uma criança tem genuinamente –, me dominaram naquele momento. E eu tive certeza de que estava no caminho certo.

É engraçado que, quando isso acontece, surge um brilho no olhar, e todo mundo pergunta: "Está apaixonada?". A resposta é: "Estou, sim, apaixonada por mim e por tudo que venho construindo".

MONTAR UMA NOVA IMAGEM COM OS TRABALHOS COMO ATRIZ

A essa altura, eu já era uma atriz que fazia uma novela atrás da outra, e uma autora que escrevia novela e seriado de humor. Eu trabalhava entre dezesseis e dezoito horas por dia. Acabei tendo que delegar a produção da peça para um profissional sênior, porque eu não dava mais conta, nem o profissional júnior; a demanda havia crescido demais. Eu conseguia pegar um avião e apresentar a peça, mas não mais do que isso. Foi aí que Leo Fuchs e Mauro Lemos se tornaram meus sócios na peça, e fizemos mais uma turnê pelo Brasil e mais uma temporada no Rio de Janeiro, de muito sucesso!

Em paralelo a isso, dei um passo a mais: propus à minha chefe artística na televisão escrever o roteiro do filme baseado na peça e tive sinal verde. Pois bem: começava aí mais uma fase de multiplicação daqueles R$ 3 mil iniciais que investira na peça. Sendo que, mesmo na TV ou no cinema, jamais deixei de ter a peça como meu principal ativo artístico.

Dessa forma, fechei a etapa "Construindo a independência", que começa com os boletos e termina quando você consegue pagar as contas, tem dinheiro sobrando, pode adquirir bens, se prova capaz, não tem mais nenhuma dúvida sobre a legitimidade de suas potências e não espera a validação do seu talento vir de ninguém, a não ser dos seus consumidores: o público!

Mas, veja bem, essa é só uma etapa, não a jornada completa. Por isso, a gestão tem que melhorar a cada real a mais que entrar. Não dá para você começar a ter lucro e desligar-se de tudo. Quanto mais dinheiro entrar, mais atenção deve ter com o financeiro! Vai ter a hora para fazer seu pé-de-meia, comprar sua casa, investir no seu negócio. Tudo tem seu tempo. O importante, a partir de agora, é afinar sua liderança, de maneira que você conquiste pertencimento, de si mesma e de sua equipe.

PASSO 3 – COMO MONTAR EQUIPES E FAZER DAR CERTO ESSE BANDO DE GENTE DIFERENTE?

Preciso voltar um pouco no tempo da narrativa para contar sobre o fator PERTENCIMENTO na minha trajetória e sua importância. Quando comecei a desbravar meu caminho DONA DE SI, eu me sentia sozinha, com algumas amizades, claro, mas eu não fazia parte de um clubinho, de uma panelinha, não tinha grandes contatos que me estendessem a mão e falassem: "Venha, junte-se à minha turma". Se, por um lado, isso me gerava certa frustração, pois tornava tudo mais difícil, também fazia brotar em mim um sentimento de: se eu não pertenço ainda, pertencerei e, então, terei a minha turma, ou melhor, equipe.

Como foi minha trajetória para pertencer ao meio artístico? Antes de ser uma artista desenvolvendo sua voz, eu era uma *working actress*, uma atriz que trabalhava em diversas produções. Nessa época, eu estava construindo minha credibilidade de boa profissional, arriscando-me em coisas que jamais havia feito – como *stand-up comedy* e musical – e mostrando minha forma de trabalhar para contratantes. Nessa fase, entendi que a única coisa que eu poderia considerar como "costas quentes" seria o meu profissionalismo. Foi por meio dele que comecei a pertencer a alguns grupos e também soube diferenciar os aventureiros das pessoas sérias do mercado.

Sim, no mercado artístico, ainda mais quando se está em início de carreira, aparecem diversos picaretas: pessoas delirantes que prometem tudo o que qualquer artista sonha, mas não realizam nada e ficam com o dinheiro do artista. É assim que acontece. A única coisa que me protegeu desse tipo de gente foi minha "chatice" em exigir contrato, combinados por escrito e datas para realização das metas. Assim, eu rapidamente identificava a cilada. Após um tempo, eu já percebia o problema antes mesmo de todas essas etapas e decidi não pertencer a essa turma.

Pertencer não é bagunça nem pode ser um problema que acabe sobrando para você. Uma DONA DE SI aproveita o que deu errado para ter mais clareza sobre o que vai ser bom para si mesma e escolher a qual grupo irá pertencer.

Além dos "golpistas", também me deparei com os "talentosos sem caráter", que é um tipo um pouco mais difícil de identificar, mas que, uma vez revelado, não deixa dúvidas. Com essas pessoas, você terá que lidar sempre, pois elas conseguem trabalho pelo talento (e também pelos conchavos); mas, se você estiver preparada para não querer ser a *amiguinha de todos*, passará por esses tipos numa boa.

A grande cilada que a necessidade de pertencimento pode causar a uma mulher que está construindo seu caminho é justamente o condicionamento histórico que temos no nosso DNA para sermos obedientes, agradáveis e amigas de todo mundo na face da terra. Isso nos leva à crença de que qualquer *bilu-bilu* é sinônimo de amizade. Aí ferrou: você vira presa fácil para as pessoas sem ética. Até que chega a um ponto em que você foi tão usada, tão traída, tão sacaneada, que só lhe resta não acreditar em mais nada e arrastar-se pelos cantos reclamando de que "confia demais nas pessoas". Ah, me poupe disso! Estou chamando sua atenção por já ter passado por isso mais do que eu gostaria: NÃO SEJA A "AMIGUINHA" NO SEU AMBIENTE DE TRABALHO.

Em qualquer área, seja artística, médica ou de finanças, cada um está ali para defender seu pequeno espaço de poder, sua graninha para pagar os boletos e seus aplausos como alimento para um ego desgovernado; ou seja: a fase das amiguinhas a-ca-bou! Então, você pergunta: "Mas, Suzi, como vou fazer isso? Você não disse para que eu colocasse meu coração em tudo? Não estou entendendo!". Pois eu explico, caríssima: é para você colocar o coração em tudo o que fizer e, assim, extrair originalidade e cachês mais altos. Não é para colocar seu coração em todas as pessoas! O nome disso é carência e não pertencimento. Não se assuste com a maneira enfática como explico isso. Saiba que é para você sofrer menos do que eu sofri, ok?

Eu não fui vítima de ninguém a não ser de mim mesma, quando confundi equipe com grupo de amigos, ou *coffee break* com bolo na casa da avó, ou ainda o elenco em que trabalhava com minha própria família. Tudo isso me gerou alguns ensinamentos valiosos, e o principal deles foi a real compreensão do que é PERTENCIMENTO.

PERTENCIMENTO é ser um dos elos de uma cadeia produtiva e só. Você pode ser o elo principal, que dá o tom e o ritmo dos outros elos, ou o último elo, ou um elo mediano; mas tem função na cadeia produtiva e, portanto, pertence a ela. Somente isso. Nada mais. Se nessa cadeia produtiva você identificar-se com uma pessoa a ponto de transformá-la em amiga, saiba o que está fazendo para não reclamar depois, ok? Repito: o que vai protegê-la das pessoalidades será o nível do seu profissionalismo.

PROFISSIONALISMO não é ser um robô sem sentimentos. Ser profissional é, primeiro, combinar qual é seu papel dentro da cadeia produtiva e qual será sua recompensa (salário, cachê, *fee* etc.); com tudo acertado, é se lançar à ação fazendo o melhor que pode dentro da sua jurisdição. Ser profissional é ter entregas de excelência e não dilemas pessoais de carência.

Pois bem, eu identifiquei rapidamente como ser muito profissional, mas a carência sempre foi uma pedra no meu sapato, assim como é do seu, tenho certeza. Quando eu era um dos elos da cadeia produtiva, ficou mais fácil lidar com esse fator: de cara, tomei uma rasteira para deixar de ser idiota e entender a linguagem do mercado; mas, quando me tornei o elo máster, a líder, aí ficou ainda mais difícil separar sentimentos pessoais para me ater ao pertencimento – vou discorrer sobre isso daqui a pouco. Por ora, vamos nos ater ao começo do seu pertencimento, em sua área de atuação: é necessário que alguém que você admira a trate como colega; essa é uma das maiores evidências de que você faz parte daquele mundo, em que lutou tanto para estar.

O primeiro sentimento de pertencimento me chegou no dia em que Fernanda Montenegro passou por mim e me deu oi de maneira elegante e educada, e, além disso, conversou comigo. Pensei: "Caramba, não acredito!

A diva suprema do meu mercado sabe quem eu sou, já me viu trabalhando e me reconhece como colega. Não é que, agora, sou mesmo do rolê?".

O ponto seguinte foi quando contracenei com a Laura Cardoso, que me tratou como colega! E, mais tarde, quando escrevi para ela, em duas novelas. Conversamos sobre as personagens, resolvemos questões juntas, trocamos impressões sobre os melhores caminhos, e aquela mulher com quem eu havia aprendido tanto estava atenta ao que eu sugeria como possibilidade. Ali, eu pertenci de fato.

Você, DONA DE SI, pare e pense: quem são as pessoas da sua área de atuação sobre as quais você falaria a mesma coisa? Se você é médica, a respeito de quem diria: "Gente, eu estava na mesma sala que a dra. Tal!"? Ou, se é estilista: "Meu Deus, estou aqui conversando com fulana, que é considerada a melhor designer de moda do mundo, e ela gosta do meu trabalho!"? Ou, ainda, se seu ramo for gastronomia: "A chef Tal disse que eu sou boa!"? Quando você se pega falando coisas como essas, finalmente cai a ficha de que foi acolhida no meio em que trabalha e tem suas crenças respeitadas. Esse é um grande momento.

O pertencimento é o máximo! Mas preciso deixar aqui mais um alerta: o reconhecimento que o pertencimento gera pode inflar seu ego além da conta e levá-la a surtar. Isso não é só coisa de artista. Quem está sempre exposto na mídia por causa do trabalho – uma atriz, por exemplo –, quando surta, vira notícia. Mas isso acontece com todo mundo.

Para não cair nessa armadilha que a vaidade vai teimar em colocá-la, conduzida por sua vilã interior, você deve se apegar mais ainda ao seu profissionalismo e não desgrudar da sua dimensão protagonista de si mesma com todas as suas forças. É nesse momento em que você vai querer fazer exigências meio malucas, achando que é supernormal. Não passe essa vergonha! Agarre-se à sua terapia e mantenha sua dignidade de pé. A vilã acha que pertencimento é receber aplauso; já a protagonista sabe que pertencer é ter a entrega dignificada. A diferença é bem nítida.

Desculpe, caríssima, mas quando se decide ser uma DONA DE SI, não há refresco. Muitas mulheres estarão se inspirando em você, portanto, não faça "m.", ok? É claro que você tem todo o direito de se perguntar: se é assim, por que vou optar por seguir um caminho tão penoso? Não é melhor desistir enquanto dá tempo? Eu lhe devolvo a pergunta: se você não for DONA DE SI, vai ser o quê? A "vacilona" de si? Vai passar a vida arrastando uma sandália e reclamando da sua falta de sorte? Porque, sim, a vilã vai fazê-la vacilar tanto que o ranço e a mágoa serão os seus pertencimentos.

Para ser DONA DE SI realmente, é preciso construir, junto com o caminho externo, um interior forte, para que você possa segurar a onda emocional sempre que necessário. Ter um interior forte significa, inclusive, conhecer suas fragilidades. Nada deixa uma mulher tão forte quanto saber onde o calo aperta. Fique atenta: é na etapa do PERTENCIMENTO que também estão os grandes testes do caminho. Eles acontecem num momento profissional que irá definir os seus próximos anos.

Ao me referir a grandes testes, estou falando de momentos em que tudo está correndo maravilhosamente bem no seu trabalho: sua marca está bombando, você está começando a vender para o exterior e a ser líder no mercado, quebrando o teto de cristal. No entanto, acontece um problema pessoal que também irá definir seus próximos passos: alguém da sua família fica muito doente, uma pessoa indispensável na sua vida morre, seu casamento acaba, enfim, surge algum fato sério que tira seu foco. É aí que pode ocorrer de você não segurar a pressão e colocar todos os anos de construção do seu negócio a perder.

Pode ter certeza de que os grandes testes vão acontecer. Estou prevendo desde já não porque sou bruxa, mas porque, desde que comecei a escrever a coluna Dona de Si, venho fazendo um raio-X de como as coisas se desenrolam para quem decide tornar-se protagonista de sua vida e montando essa dramaturgia toda. Por isso, afirmo sem medo: esteja preparada para O GRANDE TESTE DO PERTENCIMENTO.

O GRANDE TESTE DO PERTENCIMENTO

O momento do meu *grande teste do pertencimento* foi durante meu trabalho como autora titular de uma grande emissora. A criação começou a partir de 2015, e a exibição, em meados de 2016 até o começo de 2017. Foi nessa produção que, depois de alguns anos escrevendo novelas como colaboradora, coautora e também atuando, finalmente me tornei autora titular, ao lado de um grande autor da teledramaturgia, W., e de um coautor que foi promovido comigo, J. Claro que não cheguei a esse lugar do nada. Minha carreira como autora vinha sendo construída desde 2004, no teatro, e desde 2006, na televisão. Havia alguns anos, eu já era a única atriz também autora de novelas na Rede Globo de Televisão; feito do qual me orgulho muito porque, além de abrir esse caminho para as próximas colegas com esse perfil, segurei as oportunidades com todo o profissionalismo possível. Portanto, assinar uma novela era o lugar mais incrível ao qual eu poderia chegar, dentro do caminho inédito que estava construindo. Óbvio que eu já vinha trabalhando com ambos os autores havia alguns anos, e ensaiáramos essa tripla liderança num produto que escrevemos em 2014, que não chegou a entrar em produção, mas que revelou, ao longo do seu desenvolvimento, a nossa afinidade.

Liderança em trio. Difícil, né? Até chegar o momento do GRANDE TESTE, não. Os lugares eram bem definidos na nossa cadeia produtiva: W. era o elo principal, que tinha a decisão final de tudo, J., o elo-retaguarda, dono de um talento para percepções profundas da dramaturgia, e eu o elo-produção, que tinha a habilidade de estruturar capítulos com rapidez e fazer uma interface com a produção e a direção da novela. Assim funcionamos até a escrita do capítulo 24, quando eu e J. fomos surpreendidos pela notícia de que W. estava internado na UTI do Hospital Albert Einstein, em São Paulo. Veja bem, a novela não tinha estreado! Estávamos gravando os primeiros capítulos e escrevendo o sexto bloco quando sofremos esse abalo.

Eu e J. mantivemos nossa mão no leme daquele "imenso barco" e seguimos redigindo os outros capítulos, do total de 42, que precisávamos entregar até a estreia. Íamos ao hospital para fazer reunião dentro da UTI, estávamos absolutamente comprometidos em manter a afinidade do trio, conservando nosso elo principal dentro da cadeia produtiva. Durante alguns dias, não comentamos com ninguém sobre isso, na esperança de que a recuperação de W. fosse rápida, como já havia acontecido em outras ocasiões.

Ele se recuperou, em parte: saiu do hospital a tempo do lançamento da novela para a imprensa e trabalhou mais alguns dias, quando voltou a ser internado. Eu e J. continuamos acreditando que conseguiríamos manter o mesmo plano de antes, trabalhando com nosso líder no hospital, até que os próprios médicos pediram que não fizéssemos mais isso. Percebemos, assim, junto com a empresa, que o foco de W., naquele momento, precisava ser a sua recuperação e não mais a novela.

Naquela semana, nosso líder voltou para o hospital numa terça-feira; na sexta, meu pai foi diagnosticado com câncer de pulmão em metástase para a adrenal e um enfisema pulmonar concomitante; e, na segunda-feira seguinte, ficou decidido, pela empresa, que eu e meu parceiro assumiríamos a produção por completo.

Pronto, aí estava o meu grande teste. Meu pai era – e ainda é – figura forte na minha vida e em tudo o que havia construído; nossa relação era a de um pai que respeita a individualidade da filha e a impulsiona a ser melhor. Era com ele, meu pai, João Felippe, o Pinho, ou Felippão, que eu conversava sobre as melhores maneiras de liderar, lidar com equipes e com a vida. E esse homem, minha grande força pessoal, estava condenado a ter somente mais um ano de vida, se tanto!

Além disso, o líder da equipe havia sido, até então, meu grande mestre profissional, o cara que havia me ensinado a desenvolver uma novela, desenhar uma escaleta, negociar com a produção e me alinhar com a direção. Era meu guia, com quem eu também tinha uma relação pessoal, conhecendo e frequentando sua família, desde que eu me mudara para São Paulo para trabalhar mais perto dele. Dois mestres: um no âmbito profissional, outro na esfera pessoal. Figuras masculinas que me indicavam caminhos, com quem eu me sentia segura ao crescer, e, de repente, ambos não tinham mais a força de antes e estavam com suas vidas em risco.

Após essa semana de "homens fortes caindo", a responsabilidade da novela estava inteira na minha mão e na do meu parceiro. O capítulo 20 já estava no ar, e a audiência era péssima! Acredito que a trama da ficção refletia o caos que seus autores vivenciavam na vida real. Com a ajuda da chefia artística da empresa, passamos a trabalhar em uma espécie de "linha de produção", em que eu fazia a escaleta de cada capítulo, os colaboradores abriam as cenas, e meu parceiro fechava o capítulo. Como havíamos recebido a pesquisa de opinião, tínhamos ciência das mudanças a serem feitas para que a audiência voltasse a nos acompanhar – e assim procedemos!

Aí você me pergunta: "Suzi, como você não pirou nesse momento?". Minha resposta é a de que a única coisa que não me fez sucumbir foi ter voltado de São Paulo para o Rio de Janeiro, ficando ao lado do meu pai, ao mesmo tempo que lidava com todas as dificuldades profissionais que se impunham. Nessa hora, precisei, mais uma vez, traçar a linha que separa profissionalismo de vida pessoal: não adiantava eu ficar dentro de um hospital em São Paulo, nem havia necessidade, já que a família do líder enfermo é numerosa e carinhosa. Naquele momento, eu precisava cuidar do meu pai e de mim, apresentando uma excelência profissional indubitável.

Quando diferenciei o espaço que meu maior desafio profissional representava na minha vida e o lugar do amor pelo meu pai, tive a força para seguir adiante e não deixar nada ir por água abaixo. Com essa decisão, domei meu pânico de imaginar a vida sem a presença do meu pai, acionei meu foco nas mudanças da dramaturgia da novela e fortaleci minha capacidade de liderar, mesmo que a equipe tivesse suas reservas e resistências a uma autora tão jovem. Afiei a faca do profissionalismo e só com essa firmeza interna consegui escrever mais de cem capítulos, lidar com mais uma doença dentro da equipe – da dona Laura Cardoso – e modificar a curva descendente da audiência, finalizando a novela com dez pontos a mais do que quando assumimos.

Foi aqui que eu aprendi mais sobre PERTENCIMENTO: VOCÊ DEIXOU DE QUERER SER; VOCÊ É. Foi assim que minha verdade definiu meus próximos passos: eu já estava na "m." emocionalmente, a novela era um fracasso retumbante, portanto, eu admiti isso, mastiguei o gosto amargo disso e entendi que a única coisa que eu conseguiria fazer era colocar meu coração a serviço da história, e assim fiz. O curioso foi que, ao assumir pra mim mesma a verdade dos fatos, minha segurança, meu foco e a qualidade do meu trabalho apareceram sem esforço.

Eu apenas deixei o rio fluir em seu curso natural, não duelei com os fatos e trabalhei com a calma interior que só o fracasso dá. Não havia chilique, vaidade, crise de ego ou assédio moral que abalassem meu ritmo. Então, o fracasso virou sucesso, com a mesma tranquilidade.

É nessa hora que uma DONA DE SI tem que segurar sua onda emocional. Lembra lá trás, no Passo 1, quando falei sobre isso? Entendeu por que é preciso exercitar seu músculo emocional? Para quando você se tornar o elo máster de sua cadeia produtiva, a líder da equipe, não ser tão difícil separar sentimentos pessoais e se ater ao pertencimento. Só assim você terá fôlego, espinha dorsal e maturidade para atravessar as margens de um rio caudaloso, profundo e errático. Lembre-se de que, durante os GRANDES TESTES da vida, esse músculo emocional terá que trabalhar dia e noite, e, quando tudo acabar, será necessário cuidar muito dele! Porque, sim, o emocional vai cobrar seu preço ao final da tormenta. É, caríssima, o papo aqui é para as brabas, para as comprometidas, para as resilientes.

No fim dessa jornada, no dia em que enviei o último capítulo, tive um apagão. Desmaiei lindamente como uma "Cinderela das Batalhas" e, sem esperar pelo beijo de um príncipe, acordei do desmaio e fui tratar das minhas emoções, tão desgastadas. Nesse momento, meu pai já havia contrariado o prognóstico que o oncologista havia dado e estava muito bem de saúde, e também de espírito, fazendo com que eu me permitisse viajar. Fui para uma praia remota na Bahia (que é meu lugar de reconexão) e dormi como nunca, chorei como nunca, entrei em contato com novas e belas emoções e voltei com uma pergunta latejando em mim: Quem eu havia me tornado depois daquilo tudo?

Ao me questionar sobre "aquilo tudo", eu não estava me referindo apenas ao trabalho na novela, mas à minha caminhada desde os 15 anos de idade até aquele momento. Repassei os maiores acontecimentos, vitórias, derrotas, e me perguntei sobre quem era eu, Suzana, em meio a tantas personagens interpretadas e também criadas. Quem era eu em meio a uma vida dedicada a construir meu próprio caminho? Quem eu havia me tornado?

O desejo de escrever persistia, agora não mais ficção, mas sobre o que eu tinha vivido como mulher até ali. Eu tinha chegado a um lugar profissional em que eu olhava para o lado e não encontrava outra mulher – quando encontrava, eu conseguia identificar os desafios. Eu via a Rosane Svartman, a Duca Rachid, a Thelma Guedes e a minha deusa Glória Perez, mas não via outra atriz ali, comigo, afirmando que era possível, sim! No Brasil, estava negado o direito a sermos uma Tina Fey ou uma Michaela Coel, atrizes que produzem seu conteúdo? Talvez.

Eu não estava satisfeita com o que eu percebia sobre as mulheres no mercado de trabalho. Várias atrizes escrevem assim como eu. Por que elas não estavam ali comigo, assinando histórias também? Por que não encontramos mulheres em determinadas funções? Por que ainda faltam negras líderes em diversas profissões? O turbilhão de questões fora acionado, e a única coisa que eu queria fazer era refletir sobre isso junto com possíveis leitoras.

Foi com esse desejo que pedi para minha assessora de imprensa da época, Ju Mattoni, agendar uma conversa entre mim e Marina Caruso, então diretora da revista *Marie Claire*, para dizer que eu queria escrever sobre construção profissional feminina. Marina topou na hora, me ofereceu um espaço como colunista e me perguntou, inclusive, se eu já tinha um título em mente. Não titubeei, tasquei: Dona de Si. Na semana seguinte, estreava a coluna que, em poucos meses, se tornou um hit! Depois, vieram as palestras, a marca licenciada e, então, o instituto.

Era mais uma virada na minha vida. A virada que só existe para quem encara o GRANDE TESTE e entende que PERTENCIMENTO não tem a ver com turma, mas com você mesma, numa jornada em busca do autopertencimento; o lugar onde mora aquilo que será seu combustível a partir de então: a sua verdade.

PASSO 4 – O QUE EU APRENDI DEPOIS DE TANTAS LUTAS?

PASSO 4
O QUE EU APRENDI?

Em 2017, comecei a escrever a coluna Dona de Si na revista *Marie Claire*; depois, em 2019, passei para a *Vogue*. O desejo de entender as mulheres com quem eu pretendia falar foi o que me motivou a escrever para o público feminino. E a escolha por migrar de veículo foi, justamente, para alcançar nichos diferentes, mulheres com pensamentos diversos para que eu pudesse falar com todas elas. Fiz um e-mail exclusivo para nossa comunicação, respondia a todas as mensagens que chegavam, e essa troca me fez escrever melhor, compreender os problemas femininos no mercado de trabalho e mapear nossas dores em comum.

Depois de seis meses e mais de vinte colunas, entendi o que eu havia construído até ali: um caminho próprio, inédito, de imenso valor e com poucas concessões (falarei disso mais adiante). Finalmente, eu olhava para trás e via a grandeza do que havia feito comigo mesma: de menina que dançava na varanda à DONA DE SI. Isso era fato. Eu não tinha conseguido apenas pagar meus boletos; tive a ousadia de desenvolver uma assinatura profissional, algo que me precede e do qual me orgulho muito: a excelência. Tudo o que eu inventava fazer ou que me incumbiam de realizar saía melhor do que o esperado, e essa entrega sempre foi uma escolha pessoal e estratégica. Isso incluiu dizer "não" para trabalhos em que eu não teria espaço para me superar – deixando isso bem claro para a pessoa que me convidava.

A tudo o que disse sim, inclusive para mim mesma, eu me joguei, me desafiei, aprendi, cresci, tomei porrada, envergei e fiquei de pé. Classifico esse processo como "uma ousadia", porque eu tinha conseguido provar que, mesmo tendo um corpo exuberante, eu penso; mesmo sendo atriz, sou uma baita autora; mesmo sendo artista, também me forjei empresária. Eu não fali depois de três anos, por isso, inúmeras vezes, fui a única mulher nos lugares a que cheguei.

Confesso que, em alguns momentos, ser a única mulher dos espaços de poder me deixava tão orgulhosa que beirava a SÍNDROME DA ABELHA-RAINHA, que é quando uma mulher chega a um lugar de liderança e quer permanecer sendo a única ali, para manter o status. Mas eu não me deixei cair nessa armadilha e entendi que aquela coluna tinha que servir às mulheres, para mostrar a todas que era possível subir os *degraus quebrados* da nossa evolução profissional e estourar o *teto de cristal*.

Teto de cristal, como já expliquei anteriormente, é o limite que o mercado nos impõe, impedindo-nos de alcançar liderança e poder; já o *degrau quebrado* é ainda mais perverso: são as sutilezas para inferiorizar uma mulher, no início de carreira, naqueles três primeiros anos de uma empreendedora de si mesma, em que, se a pessoa não investir em autoconhecimento como força, acaba engolindo todas as imposições do mundo e desiste, exausta. Portanto, caríssima, entenda que ficar desapontada com o "clube do bolinha" presente em todos os lugares e ver contratos sendo dados para homens menos capacitados do que você drena sua energia. Ciente disso, é hora de entender como se desviar de tanta atitude atrasada.

O exercício semanal da escrita da coluna me fez enxergar onde, em minha trajetória, eu havia pisado degrau quebrado, tendo, às vezes, de segurar com uma mão só, no *corrimão da escada*. Em vários momentos, fui chutada do jogo, mas sempre encontrava um jeito de voltar. Isso é exaustivo. Uma hora me enchi dessa *patacoada*, e a coluna Dona de Si se tornou meu escape, no qual eu podia escrever, livremente, sobre tudo isso, da maneira mais honesta possível. Com certeza, foi essa verdade que fez com que eu tivesse muitas leitoras.

Veja bem, em 2017, quando a coluna Dona de Si estreou, não havia muitos espaços na imprensa dedicados ao público feminino versando sobre empreendedorismo; os poucos que existiam não estavam nas revistas de moda feminina, mas em *Exame, Forbes, Você S/A*; portanto, fui ao encontro de um público sedento por esse assunto, mulheres ávidas para dividir comigo suas histórias e gritar: eu passo por isso todos os dias!

Foi esse encontro de "dores e alegrias" que fez DONA DE SI ter sucesso, sendo o primeiro empreendimento que eu não planejei acontecer. Afinal, eu só queria escrever uma coluna, e, em três anos, DONA DE SI se tornou uma marca (registrada no INPI em diversas categorias), palestra, workshop, formação empreendedora (com conteúdos de criação original), produtos (por meio de licenciamentos), conceito (vender uma mulher real), consultoria de diversidade de gênero (pelo instituto) e este livro! Fui atropelada pelo negócio, literalmente: ou eu acompanhava o crescimento, ou aquele trem passaria por cima de mim; e é óbvio que não só acompanhei, como tratei de conduzir o trem DONA DE SI numa boa velocidade.

Eu entendi que a coluna estava fazendo sucesso quando DONA DE SI passou a ser chamada de capa do site da Globo, toda semana. Era a primeira vez que meu texto chamava mais atenção do que minhas fotos de biquíni na praia. Essa era uma conquista que eu sempre busquei. Não, nunca quis tornar meu corpo invisível, mas sempre desejei dar VOZ a esse corpo, e finalmente isso estava acontecendo. Aí você pode me dizer: *mas você já tinha até escrito novela. As pessoas já conheciam seu texto, ora!* E eu retruco: *há uma diferença imensa entre texto ficcional e voz*. Na ficção, eu escrevia para contar uma história e não para dar opiniões ou levantar bandeiras; já na coluna, eu estava produzindo um movimento de consciência feminina e isso revelava a potência da minha VOZ.

VOZ é aquilo que carregamos dentro de nós como crença, e, para que tudo isso possa ser comunicado, é preciso ter uma grande dose de autoestima e autoconfiança, mas, paralelamente, também há medo e avaliação de riscos. Tudo bem! Eu estava prontíssima para ser cada vez mais eu mesma. E chegou um momento em que minha VOZ precisava de mais alimento para, na ousadia, causar diferença. Foi aí que comecei um mapeamento dos motivos de nós, mulheres, termos um índice tão alto de desistência no que diz respeito à construção de uma vida profissional.

Encontrei pesquisas de todos os tipos: as mulheres são as que mais estudam, as que mais dão lucro, quando na liderança; as que mais empreendem, portanto, somos corajosas e capazes. Ok. Então, o que estava causando um resultado tão desolador e um número tão grande de empreendedoras quebrando? Essa resposta eu não encontrei em canto algum. Por isso, decidi fazer a pesquisa por mim mesma e contei com minhas leitoras para isso. O resultado foi aterrador. Os três fatores principais da desistência e da falência profissional feminina são: SOBRECARGA, OPRESSÃO MISÓGINA e SOLIDÃO, como já expliquei na página 50. Mas aqui irei mais fundo!

Nada a ver com nossa competência. Tudo a ver com nosso comportamento. Como a sobrecarga acontece? Uma vez que nós, mulheres, não temos DNA HISTÓRICO de poder no âmbito público, isso se reflete na nossa crença torta de que temos que dar conta de tudo – filhos, marido, profissão, magreza, cabelo comprido, harmonização facial, libido etc. Como se "dar conta de tudo" fosse o preço a pagar para termos liberdade de escolha. Consegue entender, caríssima? Consegue perceber como isso é perverso?

Vou dar alguns exemplos: você é casada, tem um trabalho de que gosta, mas o salário é baixo. Aí você tem filho, e o cenário a pressiona a largar o emprego – afinal, aquele dinheiro não vai fazer tanta falta na renda familiar. A partir daí, a casa e o filho passam a ser sua responsabilidade, e você começa a ser tratada como uma mulher que não trabalha! Como se o gerenciamento de um lar não fosse trabalho! Aí, seu filho cresce um pouco e você sente um vazio, quer voltar a trabalhar e começa a empreender, porque não é possível conciliar um emprego numa empresa com a casa e o filho. Então, você tem talento culinário e resolve a fazer bolo de pote para vender – e dá certo! Pronto: a sobrecarga está feita. Sabe por quê? Porque você foi empilhando tarefa em cima de tarefa, e ninguém vai facilitar nada para uma mulher que começa a se movimentar e a ganhar dinheiro.

Para não ficar sobrecarregada, é fundamental que você divida tarefas: a sua casa, agora, precisa de diarista, alguém para limpar; e, em alguns momentos, seu filho vai necessitar de babá ou de extensão no horário da escola, porque VOCÊ TEM MAIS UM TRABALHO! E essas pessoas serão suas funcionárias, pagas com o dinheiro do seu negócio! Sacou?! Quando você pôr na cabeça que não tem que pagar pedágio para existir profissionalmente, dará adeus a todas as ansiedades e aos remédios tarja preta que estiver tomando. A sua saúde vai melhorar, e também sua qualidade como mãe, esposa, amiga e profissional.

Já a OPRESSÃO MISÓGINA funciona de forma mais sútil e é o que sustenta a sua sobrecarga. Sim! A opressão misógina é a força do cenário hostil às mulheres, sendo tudo aquilo que as limita: sua mãe falando que você precisa se dedicar ao marido, senão ele vai arranjar outra na rua; sua sogra cobrando mais um neto; seu marido dizendo que você está trabalhando demais e ficando gorda; sua melhor amiga não dando força para seus planos profissionais; seu fornecedor, com a desculpa de um abraço, passando a mão nas suas costas para sentir se você está usando soutien; seu colega de trabalho comentando sobre a sua roupa na frente do seu chefe; os contratantes preferindo fechar contratos grandes com outros homens; o banco negando o empréstimo para aumentar seu negócio por você ser mulher; *haters* fazendo ataques na internet quando você começa a crescer. É pesado. É opressor! É a força contrária à sua luz, ao seu brilho, fazendo de tudo para quebrá-la e deixá-la em pedaços num canto; sem você nem se dar conta de como isso aconteceu.

A SOLIDÃO é resultado que a força da OPRESSÃO causa na sua vida: você está EXAUSTA e acredita que aquilo tudo só acontece com você, que, com certeza, está fazendo algo errado, que não deveria ousar tanto, que não tem equipe nem ninguém do seu lado para ajudá-la ou para segurar sua mão. No final disso tudo, só resta uma saída: DESISTIR de qualquer ação que a levaria para frente e a faria crescer.

Se você não tiver consciência de toda essa escala de perversidade do mundo e reverter esse processo, será uma VILÃ de si mesma: uma eterna "arrasta sandália", reclamona, triste, insegura, inimiga de mulheres de sucesso. Não quero que isso aconteça e não vou deixar você, nem qualquer outra mulher, nem eu mesma cairmos nesse lugar mais uma vez. Chega! É hora de termos consciência dessa cadeia de terror e quebrá-la. Como? Alcançando a nossa dimensão PROTAGONISTA, ou regando a semente DONA DE SI que todas temos dentro de nós.

Para começar esse processo, é fundamental que você conheça profundamente a si mesma e também o contexto histórico; deixando de achar que lutar pelos direitos das mulheres é coisa de feminista chata e que tudo isso é *mimimi*.

Após o mapeamento dos três fatores principais da desistência e da falência profissional feminina – a SOBRECARGA, a OPRESSÃO e a SOLIDÃO –, deparei-me com uma pesquisa do Sebrae que fazia uma explanação das nove personas de mulheres no mercado de trabalho, apontando quais eram seus medos, forças, fraquezas, razões para empreender. Com as minhas leitoras, entendi que, dessas nove personas, cinco se repetiam em maior número, sendo elas: a CANSADA, a COMPETITIVA, a INSEGURA, a INVISÍVEL e a ANSIOSA.

Diante disso, decidi juntar a dramaturgia, que já era do meu domínio, ao estudo das personas e construí personagens em cima de histórias reais, para cada uma delas; destacando que, se conseguimos entender nossas fragilidades, potencializamos nossa força e, então, nos tornamos DONAS DE SI.

Portanto, apresento a vocês nossas colegas, sinalizando como é o agir de cada persona na dimensão VILÃ e quais são as mudanças necessárias para que ela se torne uma PROTAGONISTA. Esse método vem ajudando muitas mulheres a entenderem seus pontos cegos e trazê-los à luz, e se fortalecerem com essa consciência. Está preparada para se deparar com você mesma?

Antes de começar o próximo capítulo, apresento a você, leitora, minha parceira no desenvolvimento do conteúdo da JORNADA TRASFORMADORA DONA DE SI, a incrível VIRGINIA DE GOMEZ! No conteúdo de formação DONA DE SI, Virginia e eu unimos conhecimentos de mitologia, filosofia, arte e eneagrama, e, a partir das dores femininas no mercado de trabalho, formamos a estrutura de identificação para o mapeamento comportamental das cinco personas que você verá nas próximas páginas.

Para cada dor, prazer, medo ou necessidade humana, nós, autores, precisamos estar abertos e prontos para identificar novos arquétipos e desenvolver novos personagens que tragam representatividades para a nova mulher de hoje.

Afinal, quem aqui quer ler um livro, ver um filme ou assistir a uma novela que não tenha NENHUMA personagem parecida com a mulher que você é? Ou parecida com alguém que você conheça?

Aqui, vamos entender a modernização dos arquétipos para o feminino de hoje!

Todo arquétipo é um exemplo comportamental positivo? Todo arquétipo é uma personagem heroica? Nem sempre... Um arquétipo é sempre uma referência neutra, já que é um modelo de comportamento totalmente humano e dual.

Mas o que determina se você está representando o lado luminoso ou obscuro do arquétipo é você escolher ou não dar ouvidos ao seu lado "vilã de si mesma" ou "protagonista da sua história".

Cada uma das cinco personas é um convite à reflexão sobre o que nos leva para nosso lado inconsciente (que chamamos de VILÃ) ou consciente (que chamamos de PROTAGONISTA). A consciência desperta nossas potências e talentos.

NOSSAS COLEGAS, NOSSAS HISTÓRIAS

NOSSAS COLEGAS

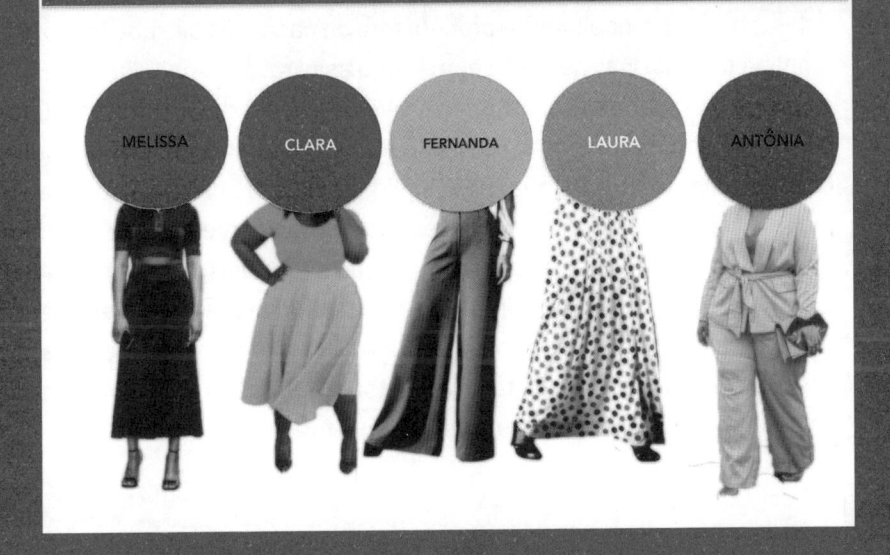

MELISSA · CLARA · FERNANDA · LAURA · ANTÔNIA

A) MELISSA – A MULHER CANSADA

É aquela mulher que geralmente tem filhos e, mesmo tendo que cuidar deles, continua trabalhando também fora de casa, não se sabe como. Ela empilha tarefas. Mas se sente bem tendo essa responsabilidade, além, é claro, de precisar da grana. Melissa vive de cabelo desarrumado, nunca vai ao médico, não cuida de sua saúde, nem da estética, ela se anulou completamente. Então, qual é a fragilidade dela? Melissa não consegue mais se ver. Ela se olha no espelho e procura aquela mulher que era antes de ter filhos, o que lhe rende uma sensação de fracasso. Calma, isso é só EXAUSTÃO e FALTA DE APOIO. É possível positivar tudo isso, resolvendo essas fragilidades e transformando-as em força. A maior força de Melissa é a responsabilidade com sua família; portanto, ela é uma mulher de imenso valor no mercado de trabalho, seja ele qual for.

LOOK DO DIA:

OLHEIRAS, SONO E CANSAÇO

Mapeando Melissa:
Dor:

Pressão com prazos impossíveis no trabalho e na vida pessoal;
Saúde abalada;
Falta de motivação.

Medo:

Não dar conta de tudo;
Ficar doente e não conseguir trabalhar;
Perder o emprego.

Prazer:

Cumprir prazos;
Estar com a família;
Sentir-se descansada.

Sonho:

Ter uma agenda organizada;
Ter hábitos saudáveis (profissionais e pessoais);
Equilibrar carreira e família.

Objetivo para empreender:

Ter mais tempo livre e flexibilidade de horários.

Desafio para empreender:

Vencer o medo de perder o pouco de garantia financeira que possui.

Vantagem para empreender:

A possibilidade de poder trabalhar em *home office*.

B) CLARA – A MULHER COMPETITIVA

Clara é aquela mulher que foi criada sob a crença de que MULHER NÃO É AMIGA DE MULHER, revelando uma competitividade feminina desde a adolescência, quando era capaz de ficar com um garoto, mesmo sem desejar, só para provar às amigas que era a melhor do grupo. Ao crescer, Clara se tornou uma mulher movida a conquistar a "medalha de ouro" em tudo o que faz, concentrando sua energia nos outros e não em si mesma. Ela corre o tempo todo olhando para o lado e acaba dando com a cara na parede, porque, ao se comparar e competir com as outras, ela perde sua autenticidade e sempre fica em segundo lugar, com o sentimento de fracasso.

Porém, ela tem uma grande força, coragem e capacidade de trabalho, mas, em função das constantes comparações com outras mulheres, acaba se estropiando. A fragilidade dela está em medir seu valor sempre pelas realizações de quem está ao seu redor e não por suas próprias conquistas. Para Clara, a grama da vizinha é sempre mais verde do que a dela; além disso, guarda certo rancor do seu foco de competição. Que angústia, não?

A GENTE FINGE QUE PERDOA

MAS ANOTA TUDO NO CADERNINHO DO VACILO

Mapeando Clara:

Dor:

Não se destacar;
Não ser promovida;
Não ser disputada no mercado.

Medo:

Ser esquecida;
Ser rebaixada;
Não estar entre os finalistas.

Prazer:

Vencer;
Assumir liderança;
Ter privilégios de vencedora.

Sonho:

Ter o melhor salário;
Ter os melhores resultados do mercado;
Ser a mais cara do mercado.

Objetivo para empreender:

Ser a empreendedora do ano.

Desafio para empreender:

Superar o medo de não ser um sucesso imediato.

Vantagem para empreender:

Ser estratégica e guerreira.

C) FERNANDA – A MULHER INSEGURA

Na maior parte das vezes, Fernanda tem algum talento artístico, atuando nas áreas de artes em geral, gastronomia, moda ou literatura. Apesar de possuir talento, morre de vergonha de mostrá-lo. A força dela é o impacto que seu trabalho causa, e a fragilidade é ela não acreditar nisso. Fernanda é um "prato cheio" para homens abusivos, pois está sempre esperando que alguém valide seu talento e que descubra suas habilidades. Quando isso não acontece, fica ressentida com o mundo e insegura. O que Fernanda não entendeu ainda é que só ela pode validar sua criação e apresentar seu trabalho ao mundo, caso contrário, vai permanecer uma mulher insegura para o resto da vida, podendo, inclusive, cair no fundo do poço da inveja, o que a aniquilaria por completo.

Ela trabalha aqui e ali, paga suas contas, mas não consegue dar o pulo em direção ao reconhecimento e ao sucesso. O grande talento dela fica escondido numa gaveta esperando que alguém (geralmente uma figura masculina de poder) a abra e tire de lá suas preciosidades. Quando uma "Fernanda" decide empreender e põe seu trabalho no mercado com estratégia, ela acontece e experimenta o poder de ser protagonista e DONA DE SI.

AQUELE SUPER PODER CHAMADO...

"SOBREVIVER E PAGAR AS CONTAS COM O QUE EU GANHO"

Mapeando Fernanda:

Dor:

\# Invisibilidade;

\# Desprestígio;

\# Banalização de seus talentos.

Medo:

\# Nunca conseguir mostrar seus talentos;

\# Não ser respeitada por suas habilidades;

\# Viver fazendo o que não gosta.

Prazer:

\# Dar dicas sobre sua área de atuação;

\# Ser uma referência no que faz;

\# Criar projetos sobre seu tema.

Sonho:

\# Ser famosa;

\# Ganhar dinheiro com seu talento;

\# Ter autonomia criativa.

Objetivo para empreender:

\# Usar integralmente seus talentos e paixões.

Desafio para empreender:

\# Superar o receio de não ter público.

Vantagem para empreender:

\# Conhecer bem seus talentos.

D) LAURA – A MULHER INVISÍVEL

Laura senta na última mesa do escritório e fica escondida atrás de uma tela de computador, pois não quer que ninguém a veja. No computador, ela arrasa e domina a tecnologia, assim como é hábil em planilhas e gestão; com ela, nenhum centavo fica sobrando. A união dessas características é uma raridade no mercado, já que a área financeira ainda é um lugar de pouca atuação feminina. No entanto, embora ela saiba o quanto é competente, prefere se esconder para não ter que se posicionar. Quando consegue positivar esse medo de se expor, torna-se uma gestora de perfil agregador, trabalhando com diversidade nas suas equipes, e uma ótima mediadora na resolução de conflitos. O gatilho para fortalecer sua fragilidade é a aceitação estética. As *Lauras* não são do tipo extrovertidas, não têm beleza padrão e, por isso, se acham esquisitas e até feias. É a insegurança estética que faz com que elas fiquem invisíveis. Um bom trabalho de autoaceitação, autoestima e autoconfiança pode resolver esse problema e fazer desabrochar uma líder sensacional.

CARINHA DE 20

MAU HUMOR DE 80

Mapeando Laura:

Dor:

- Falta de voz;
- Falta de propósito;
- Falta de perspectiva de futuro.

Medo:

- Ser rejeitada esteticamente;
- Não conseguir se estabilizar;
- Não fazer nada de importante.

Prazer:

- Receber um elogio;
- Ser reconhecida;
- Ser respeitada.

Sonho:

- Ter sua própria equipe;
- Conseguir se pronunciar com segurança;
- Ter novas possibilidades de trabalho.

Objetivo para empreender:

- Criar um negócio que funcione do seu jeito e no seu ritmo.

Desafio para empreender:

- Vencer a insegurança para se revelar.

Vantagem para empreender:

- Calma para planejar cada etapa.

E) ANTÔNIA – A MULHER ANSIOSA

A MULHER ANSIOSA

ANTÔNIA

Antônia é aquela espoleta que quer dar conta de tudo, gosta de muitas coisas, conhece muita gente, domina as redes sociais e fica atolada de tarefas, esquecendo-se, completamente, da sua vida pessoal. Se está namorando, ela nem sabe o porquê de não ter tempo para encontrar o *boy*. Não consegue tirar férias nem curtir um domingo quieta. É ligada no 220v. Sua fragilidade está no desejo de ser aceita, assim não consegue dizer não, tentando agradar a todas as tribos. Por outro lado, sua força é competência e excelência: quando se propõe a fazer alguma coisa, sem dúvida o resultado sai melhor do que o esperado.

ESSA SOU EU...

RESOLVENDO OS PROBLEMAS DA VIDA

Mapeando Antônia:
Dor:

\# É muito estressada;

\# Vive na paranoia;

\# Sente muita angústia.

Medo:

\# Perder o controle;

\# Ser ridicularizada;

\# Não chegar ao fim de um trabalho.

Prazer:

\# Ver o planejamento que elaborou funcionar;

\# Ter controle da distribuição de tempo/tarefas;

\# Cumprir seus prazos e acordos.

Sonho:

\# Descobrir métodos simples e eficientes de organização;

\# Planejar sua carreira para os próximos doze meses (e não ter mais que apagar incêndios);

\# Equilibrar sua carreira e sua vida pessoal.

Objetivo para empreender:

\# Ser a própria patroa.

Desafio para empreender:

\# Superar a confusão profissional ou descobrir por onde começar.

Vantagem para empreender:

\# Tem sangue nos olhos.

Quando a pesquisa com minhas leitoras ficou pronta...

... percebi que eu poderia desenvolver uma formação EMPREENDEDORA focada nas questões femininas, com o objetivo de resolver os problemas do lado VILÃ das cinco personas que eu havia mapeado. Isso tudo se tornou um método, que é a JORNADA TRANSFORMADORA DONA DE SI. Eu tinha entendido que as nossas questões femininas não são de competência, já que não estão ligadas aos nossos talentos nem à nossa capacidade de estudar e entender as coisas. Elas são questões atreladas ao nosso DNA histórico, pois nunca fomos motivadas a ser independentes. O apoio que recebemos para nos desenvolver é escasso, e a iniciativa de uma mulher é sempre malvista, até mesmo quando uma garota decide falar com um garoto que está a fim dele. Isso acontece porque, quando nos foi permitido trabalhar e conquistar nossa independência financeira, ingressamos num mercado forjado pelos homens. Essa é a razão de, muitas vezes, nos sentirmos tão sozinhas em nossas áreas de atuação e nos sobrecarregarmos.

Antes de resolver os problemas de nossas colegas de cada grupo...

... pelo método da JORNADA TRANSFORMADORA DONA DE SI, preciso falar sobre as vilãs coletivas, que atingem todas as mulheres, independentemente da persona na qual elas se enquadram. Se essas vilãs não forem combatidas, não teremos sucesso ao lutar contra as vilãs específicas de cada grupo.

Não importa se ocupamos o cargo mais alto de uma empresa ou se temos o melhor negócio do mundo, quando agimos sob o modo das vilãs coletivas, tudo para de funcionar bem. As vilãs são o porquê de, muitas vezes, só vermos fracassos e frustrações, em vez de focar na solução dos problemas e na vitória. Elas não nos deixam perceber o poder de nossas competências e nos fazem entrar em luta mental com o cenário que nos cerca. Cada uma delas é a origem das vilãs específicas das cinco personas.

As vilãs coletivas são sete ao todo:
1. Falta de fé em suas competências;
2. Dúvidas sobre como se ver como seu próprio negócio;
3. Insegurança de revelar seus talentos;
4. Desânimo para mudar o que a incomoda;
5. Medo da crítica e do erro;
6. Pressa para dar certo, o que compromete o planejamento adequado;
7. Procrastinação para iniciar o plano de ação e botar a mão na massa.

Esse conjunto de mentalidades e comportamentos limitantes faz com que qualquer uma de nós tenha um desempenho fraco, atrapalhando nossa melhor performance. É importante frisar que essa coleção de atitudes nos é imposta pelo MANTO INVISÍVEL da sociedade machista, racista e homofóbica em que vivemos; nela, somente o homem branco heterossexual já nasce com seu território conquistado.

Não estou diminuindo as conquistas desses "homens padrão", mas apenas colocando as coisas nos devidos lugares: as oportunidades e as origens não são iguais para todos; enquanto você não entender isso, vai continuar compactuando com as vilãs coletivas que incidem sobre você.

A melhor maneira de tratar crenças limitantes é na terapia cognitivo-comportamental. Atualmente, as sessões estão mais acessíveis, existindo institutos e faculdades que oferecem esse serviço gratuitamente. Portanto, o movimento de se libertar de tanta limitação só depende de você, e, acredite, ninguém vai pegar na sua mão e conduzi-la nesse sentido.

Qual o problema das nossas colegas?

Depois de conhecermos as vilãs coletivas, vamos...

RESOLVER OS PROBLEMAS DAS NOSSAS COLEGAS

MELISSA	CLARA	FERNANDA	LAURA	ANTÔNIA
Falta de Motivação	Falta de apoio	Falta de iniciativa	Falta de segurança	Falta de planejamento

...falar sobre as vilãs específicas de cada uma de nossas colegas/personas, para que você descubra com qual grupo mais se identifica. Para isso, disponibilizo a seguir um teste que vai ajudá-la nesse reconhecimento. São dez questões: você precisa assinalar somente uma letra em cada uma delas. Depois, anote a letra que mais aparecer nas suas respostas e, a seguir, veja qual é a sua persona dominante e como transformar sua vilã em protagonista.

TESTE PARA IDENTIFICAR A SUA PERSONA

Caríssima DONA DE SI, o teste a seguir é de suma importância para que você tenha a experiência de transformação que este livro pode lhe proporcionar. São dez questões: você deve assinalar somente uma letra em cada uma delas. Caso tenha empate de letras, por exemplo, se no final você tiver cinco questões cujo resultado for A e cinco questões cujo resultado for B, junte os dois resultados. O teste não dará certo se você escolher mais de uma letra por questão.

SOBRE LIDERANÇA

\# Eu acredito que liderança é união, não é egocentrismo.

\# Eu acredito que liderança é lugar de vitoriosas, não de mulheres que se assustam com obstáculos.

\# Eu acredito que liderança é para mulheres criativas e de profundo envolvimento com tudo que fazem, não para gente rasa ou previsível.

\# Eu sou melhor sendo liderada do que liderando.

\# Eu acredito que liderança é para mulheres lúcidas e íntegras que cumprem a palavra, não para pessoas espertinhas.

SOBRE VIDA

\# Eu me esforço demais para agradar a todos ao meu redor.

\# Demonstro otimismo em situações de imprevisto.

\# Eu sou mais tolerante com os perdedores que com os vencedores.

\# Eu sou mais interessada na minha vida pessoal que profissional.

\# Às vezes, demonstro obediência para evitar conflitos, mas acabo fazendo o que considero certo e do meu jeito.

SOBRE PLANEJAMENTO

\# Eu consigo planejar minha rotina com antecedência, mas nunca a sigo, pois tenho sempre que acudir ou fazer algo para alguém.

\# Eu não consigo me organizar com antecedência, pois não gosto da parte burocrática nem muito estruturada do planejamento.

\# Eu não consigo me planejar com antecedência, pois gosto de seguir o meu próprio fluxo e o da vida.

\# Eu não consigo me planejar com antecedência, pois sempre dependo de decisões e autorizações dos outros.

\# Eu não consigo me planejar com antecedência sem imaginar tudo o que pode dar errado.

SOBRE VALORES

\# Entre meus principais valores estão a generosidade, a intimidade e o acolhimento.

\# Entre meus principais valores estão a praticidade, a vitória e a rapidez.

\# Entre meus principais valores estão o talento, o prazer e a sensibilidade.

\# Entre meus principais valores estão a modéstia, a imparcialidade e o distanciamento.

\# Entre meus principais valores estão a confiança, a prevenção e/ou a estabilidade.

SOBRE MULHERES

\# Com outras mulheres, é melhor se fazer de amiga do que de inimiga.

\# As mulheres são tão competitivas que disputam até para ver quem tem mais sororidade.

\# Mulheres já roubaram tanto minhas ideias, contatos e oportunidades que, se eu puder escolher, prefiro trabalhar sozinha.

\# Todas as mulheres parecem mais brilhantes que eu e sempre me sinto inferior na presença delas.

\# Não sei até que ponto posso confiar em outras mulheres.

SOBRE MEDO

\# Tenho medo de não ser querida pelas pessoas.

\# Tenho medo de perder tempo com projetos muito burocráticos ou sem impacto imediato.

\# Tenho medo de ficar anônima, sem reconhecimento do meu talento.

\# Tenho medo de ser pressionada a tomar a frente para decidir.

\# Tenho medo de ser traída dentro dos meus projetos.

SOBRE FORÇA

\# Meu ponto forte: motivar outras pessoas.

\# Meu ponto forte: descobrir atalhos para alcançar a vitória mais rápido.

\# Meu ponto forte: autenticidade e paixão em tudo o que faço.

\# Meu ponto forte: acalmar as pessoas da minha equipe.

\# Meu ponto forte: lealdade e responsabilidade com todos que trabalham comigo.

SOBRE FRAGILIDADE

\# Meu ponto frágil: tenho baques emocionais diante de ingratidão das pessoas que ajudei.

\# Meu ponto frágil: por ser impaciente, acabo não priorizando a qualidade na minha entrega e perco tempo refazendo trabalho.

\# Meu ponto frágil: espero elogio dos outros para ter certeza de que sou boa no que faço.

\# Meu ponto frágil: preguiça de assumir as responsabilidades da liderança.

- \# Meu ponto frágil: aceito muitos trabalhos e faço confusão ao entregá-los.

SOBRE DESEJO PROFISSIONAL

- \# Meu desejo é ser essencial para o bom funcionamento do grupo de trabalho.
- \# Meu desejo é ter autonomia profissional no meu ritmo, sem acompanhar o ritmo dos outros da equipe.
- \# Meu desejo é ser reconhecida como um talento único e original no que faço.
- \# Meu desejo é ser uma referência de equilíbrio entre vida pessoal e profissional.
- \# Meu desejo é ser tratada como uma profissional que sabe resolver problemas e também preveni-los.

SOBRE ATITUDES PROFISSIONAIS CONSTANTES

- \# Eu sou mais atenciosa com prazos e objetivos dos outros que com os meus.
- \# Acredito que me manter estressada me torna mais ágil, desafiadora e produtiva.
- \# Fico magoada quando os outros não reconhecem meu talento e passo a me sabotar.
- \# Fragilizo-me para não ser vista nem cobrada, porque não gosto de ser o centro das atenções.
- \# Só vejo o que está errado, o que está faltando ou que pode ser um perigo para o projeto que estou trabalhando.

RESULTADO DO TESTE DE PERSONA

Caríssima, a letra que mais saiu no seu teste é a sua persona dominante. Lembre-se de que todas nós temos dois lados, que são: a VILÃ e a PROTAGONISTA. A vilã a leva para a vitimização, a procrastinação e ao fracasso; já a protagonista lhe dá força, poder e vitória. Para fazer sua transição, é necessário conhecer bem os dois lados para saber identificar quando você estiver sob a influência de uma ou de outra e fazer a escolha correta de um comportamento DONA DE SI.

A) A cansada

Quando você dá ouvidos ao seu lado VILÃ CANSADA, torna-se a representação da profissional esfuziante e cansativa. Muitas vezes, com fortes pensamentos/comportamentos exigentes e explosivos.

Qual o objetivo da VILÃ CANSADA?

A VILÃ CANSADA quer tornar toda mulher uma representação do feminino invasivo e manipulador.

A meta é influenciar você no sentido de torná-la cada vez mais desanimada e insegura por achar que recebe menos amor do que os outros.

O plano é que no ambiente profissional seja tudo tão embolado entre pessoal e profissional nas relações que a carreira acabe virando um eterno clubinho de meninas que disputam o amor do público.

A finalidade da VILÃ CANSADA é mostrá-la ao mercado como uma profissional intrometida, controladora, fofoqueira e puxa-saco.

Quando a VILÃ CANSADA conduz as suas atitudes, como isso transparece?

Achando-se mais realista que todos: provar que estamos conscientes de tudo que pode dar errado é essencial. Sermos O FAROL QUE PREVÊ A TEMPESTADE: exclusivamente para poder

dizer "eu avisei, eu disse, eu sabia". Ela nos obriga a sermos "trágicas". Priorizamos dar destaque ao erro e aos prejuízos.

Sendo afrontosa: aqui, a vilã nos torna "abusadas" e nos influencia a querer desmascarar todas as mentiras e falsidades. Mas esse hábito de desmascarar pode se tornar um padrão engessado. Ser a primeira a começar uma investigação não autorizada, a espalhar "achismos" ou a viver a adrenalina da dúvida é essencial para a VILÃ CANSADA.

Por ela se sentir ameaçada (emocional e fisicamente) todo o tempo, sua própria desconfiança a desespera, e ela acaba, muitas vezes, acreditando em qualquer coisa.

Sendo ambígua: ela nos faz agir como mulheres que querem ser vistas como profissionais que mudam de opinião e atitude sempre, e, ao final, ninguém realmente sabe o que ela pensa. Visivelmente instável em suas definições, alimenta a fantasia de que está no controle dos imprevistos. Nós nos tornamos mulheres nervosas tentando adivinhar tudo o que pode dar errado, mas fingindo que tudo está planejado.

Como o mercado trata a profissional VILÃ CANSADA?

Como uma chata: sempre oferecendo o que ninguém pediu. Vive a gangorra entre o positivismo esfuziante e a cobrança por gratidão, o que torna o mercado impaciente em relação a ela.

Como invasiva: alguém que sempre se mete e acha que sabe o que é melhor para os outros.

Manipuladora: sempre querendo influenciar decisões alheias. Sempre mostrando que pode prejudicar alguém só de "abrir a boca" junto aos poderosos. Fantasiando que é isso que vai torná-la mais vital para qualquer projeto, cliente, negócio.

Quais os três maiores desafios que a VILÃ CANSADA lhe impõe?

Rever a postura arrogante que assume diante de quem não se abre para ela: basta alguém estabelecer limites no seu excesso de presteza/interesse e ela já se revolta. É comum que passe a tratar a tal pessoa como "menos-valia"... Alguém com quem ela perdeu seu bendito tempo e não merecia.

Rever a postura arrogante que assume diante de quem não retribui o que ela oferece: comporta-se como "a mamãezona que ninguém pediu para participar". Depois diz que não sabe por que não é elogiada por suas dicas e conselhos. Sente-se desmerecida e retribui fazendo pequenos "complôs" para a pessoa sentir-se desprestigiada diante dela.

Rever a postura arrogante que assume diante das próprias necessidades: torna-se uma mulher que se exaure cuidando de tudo e todos apenas para parecer que não precisa de nada de ninguém, para não ter que resolver suas carências disfarçadas. A desconexão interna impede que ela reconheça e atenda pessoalmente a suas próprias necessidades e se deixe em último lugar em sua própria lista de prioridades.

Quais as três ciladas a que você precisa ficar atenta para não cair nelas?

Acreditar que seu destino é fazer tudo pelos outros, mesmo sabendo que serão ingratos.

Sua ânsia por manter conexão com o máximo de pessoas faz com que se sinta presa aos elogios e à aprovação delas para confirmar que está no caminho certo.

Raramente tem o mesmo cuidado com a qualidade da sua entrega e prazo, como tem com as relações interpessoais.

Mas, lá no fundo, você sabe que tem mais para dar e muito mais para ganhar na vida, e não merece viver só esse seu lado. Ao perceber que estava sendo guiada por alguma dessas atitudes, você veio buscar o

DONA DE SI. Pois bem, você já está no caminho certo para a mudança, porque essa atitude foi o seu lado PROTAGONISTA que tomou, para que você mudasse já!

B) A competitiva

Quando você dá ouvidos ao seu lado VILÃ COMPETITIVA, torna-se a representação da profissional que rivaliza com tudo e todos por qualquer coisa. Muitas vezes, com forte influência de pensamentos/comportamentos machistas e intolerantes.

Qual o objetivo da VILÃ COMPETITIVA?

A VILÃ COMPETITIVA quer tornar toda mulher uma representação do mito milenar da "competividade feminina".

A meta é influenciá-la a ficar cada vez mais agressiva e com raiva de perder, em qualquer situação.

O plano dela é que o seu ambiente profissional seja tão antagônico e conflitante nas relações que sua carreira acabe virando um eterno campo de batalha e esforço sem fim.

A finalidade da VILÃ COMPETITIVA é mostrá-la ao mercado como uma profissional problemática em equipe, traiçoeira e adversária de todos.

Quando a VILÃ COMPETITIVA conduz as suas atitudes, como isso transparece?

Sendo oportunista: ser a mais esperta e ligada em cavar qualquer brecha é importantíssimo para a VILÃ COMPETITIVA. Ela a obriga a ser "INTERESSEIRA": priorizar estar com quem está no topo e a passar por cima de quem é fraco ou desprestigiado.

Sendo brigona: aqui, a VILÃ COMPETITIVA transforma você em uma "jogadora sem escrúpulos" e a influencia a detonar qualquer pessoa que você classifique como obstáculo.

- # Sendo a primeira a começar confrontos e inimizades. Como a VILÃ COMPETITIVA não quer ter concorrência em nada, está sempre em posição de guerra, inclusive, em situações que deveriam ser para criar parceria.
- # Sendo fria: ela faz com que você aja como uma mulher que quer ser vista como uma profissional excessivamente objetiva, impaciente e impiedosa, além de impessoal, farsante nas suas emoções e sempre agindo de caso pensado.

Como o mercado trata a profissional VILÃ COMPETITIVA?

- # Como uma ameaça: o rolo compressor que a COMPETITIVA passa pelo caminho deixa o mercado assustado com ela.
- # Como uma embusteira: alguém que é capaz de qualquer coisa para se destacar.
- # Como uma "lambona": que faz entregas sem capricho e qualidade, porque (impaciente) já está de olho em um novo projeto, cliente, negócio.

Quais os três maiores desafios que a VILÃ COMPETITIVA lhe impõe?

- # Raiva de outras mulheres: revela-se uma implacável colega de equipe, sócia ou chefe na relação com outras mulheres (principalmente as que considera perdedoras ou concorrentes em potencial). Sua vontade incontrolável é de mostrar a lerdeza ou a incompetência de todas para o mundo todo.
- # Raiva de estruturar o caminho: comporta-se como quem sempre tenta burlar leis e regras básicas, acreditando que ser rápida é mais importante que ser disciplinada, e mais importante que entender o que realmente é exigido pelo mercado.
- # Raiva das emoções (suas e dos outros): mostra-se uma mulher sem empatia, que finge estar realmente interessada nas pessoas que ela tem na mira. Com isso, perde a oportunidade de se conectar com suas verdadeiras motivações e valores.

Quais as três ciladas a que você precisa ficar atenta para não cair nelas?

\# Acreditar (e alimentar na prática) que seu destino é viver em guerra por tudo.

\# A intolerância com o timing da vida (disfarçada de proatividade) cria um constante estado de estresse.

\# Considerar difícil ter boas parcerias para novos objetivos.

ATENÇÃO: esperar que o seu reconhecimento profissional venha por meio de conflito e tornar a sua rotina profissional uma guerra entre mulheres é o resultado que toda mulher que dá atenção aos conselhos do seu lado VILÃ COMPETITIVA colhe.

Mas, lá no fundo, você sabe que tem mais para dar e muito mais para ganhar na vida, e não merece viver só esse seu lado. Ao perceber que estava sendo guiada por alguma dessas atitudes, você veio buscar o DONA DE SI. Pois bem, você já está no caminho certo para a mudança, porque essa atitude foi o seu lado PROTAGONISTA que tomou, para que você mudasse já!

C) A insegura

Quando você dá ouvidos ao seu lado VILÃ INSEGURA, torna-se a representação da profissional temperamental e hipersensível. Muitas vezes, com fortes pensamentos/comportamentos dramáticos e inesperados.

Qual o objetivo da VILÃ INSEGURA?

\# A VILÃ INSEGURA quer tornar toda mulher uma representação do feminino invejoso e passional.

\# A meta é influenciar você a ficar cada vez mais instável e com raiva por achar que ganha menos aplausos que os outros.

\# O plano é que no ambiente profissional seja tudo tão envenenado e pantanoso que sua carreira acabe virando um eterno concurso de talentos no qual o perdedor é humilhado em rede nacional (seu grande pânico).

\# A finalidade da VILÃ INSEGURA é mostrá-la ao mercado como uma profissional desequilibrada, maldosa e invejosa de todos.

Quando a VILÃ INSEGURA conduz as suas atitudes, como isso transparece?

\# Achando-se especial demais: você passa a querer provar que é vítima de inveja (ou que as pessoas estão excluindo-a pela sua genialidade). Ser "a mais exótica": exclusivamente para chocar o planeta e mostrar que você é irreverente e insolente mesmo! A VILÃ INSEGURA a obriga a ser "egocêntrica", priorizando estar com quem você não se sente ameaçada (mesmo que essas pessoas a afundem) e a passar por cima de quem você acha que é tratada com mais prestígio.

\# Sendo despeitada: aqui, a VILÃ INSEGURA torna você "ferina" e a influencia a minar qualquer pessoa que você classifique como alguém que quer centralizar os holofotes.

\# Sendo a primeira a começar comparações, jogos de ciúme e manipulações emocionais. Como você fica insegura com qualquer concorrência, está sempre na defensiva e se sentindo "ofendida", inclusive em situações que poderiam ser férteis e criativas para você.

\# Tendo mania de perseguição/sabotagem: a VILÃ INSEGURA a leva a agir como uma mulher que quer ser vista como uma profissional que não assume protagonismo nem mostra plenamente sua inventividade, só para não ter suas ideias roubadas, em vez de se mostrar uma profissional verdadeiramente sensível e criativa, aproveitando completamente seus dons. Você se torna uma mulher dependente de elogios, de espaço, sem precisar se adequar a nada nem ninguém. E qualquer pessoa que não ofereça nada disso, passa a ser percebida como invejosa ou inimiga.

Como o mercado trata a profissional VILÃ INSEGURA?

\# Uma cobra: o olhar profundamente questionador que a VILÃ INSEGURA tem na maior parte do tempo alimenta a rejeição por parte do mercado.

\# Uma metida: alguém raro que se acha muito especial e com gostos e atitudes raros. Mas o mercado a vê como "excêntrica, cheia de exigências e sem noção".

\# Como uma "drama queen": que faz "clima" por qualquer coisa. Ela sempre acha que querem derrubá-la ou roubar seu criativíssimo projeto, ideia, cliente, negócio.

Quais os três maiores desafios que a VILÃ INSEGURA lhe impõe?

\# Superar a mágoa em relação a qualquer pessoa criativa: basta uma ideia ser mais elogiada ou aprovada antes que a sua para você levar isso para o lado pessoal, fazendo com que ninguém aguente ficar por perto. Aqui, você se torna uma colega de equipe, sócia ou chefe imprevisível, que deixa todos esperando por suas ações malucas.

\# Superar a mágoa em relação a quem a critica: comporta-se como "a esquisitona meio temperamental da empresa" e não sabe por que não se sente uma presença valorizada por todos. Sente-se julgada injustamente e acha que tudo é boicote por você ser tão rara e fazer coisas tão especiais.

\# Superar a mágoa em relação à vida morna: revela-se uma mulher que busca, por caminhos tortos e intensos, o êxtase, a inspiração ou o sentido de vida. Com sua busca intensa e destemperada, perde a oportunidade de se conectar de forma equânime e verdadeiramente criativa com o mundo.

Quais as três ciladas a que você precisa ficar atenta para não cair nelas?

\# Acreditar que seu destino é ter talento, mas com menos sorte, oportunidades ou reconhecimento que qualquer outra mulher.

- \# O egocentrismo infantilizado.
- \# Lançar seu "olhar de serpente": ficar na espreita de tudo para afastar as pessoas e ter a certeza de que ninguém vai furar seu olho no jogo.

ATENÇÃO não deseje eliminar todas as pessoas mais inventivas, ou lindas, ou interessantes; achar que todos a invejam ou tornar a rotina profissional um campo de espionagem tão cheio de segredos, manipulação e mágoas pode fazer com que qualquer decisão vire uma novela mexicana na sua vida.

Mas, lá no fundo, você sabe que tem mais para dar e muito mais para ganhar na vida, e não merece viver só esse seu lado. Ao perceber que estava sendo guiada por alguma dessas atitudes, você veio buscar o DONA DE SI. Pois bem, você já está no caminho certo para a mudança, porque essa atitude foi o seu lado PROTAGONISTA que tomou, para que você mudasse já!

D) A invisível

Quando você dá ouvidos ao seu lado VILÃ INVISÍVEL, torna-se a representação da profissional anônima. Muitas vezes, sob forte influência de comportamentos passivo-agressivos e sem consciência disso.

Qual o objetivo da VILÃ INVISÍVEL?

- \# A VILÃ INVISÍVEL quer que você seja inconsciente em relação à sua potência, fazendo com que acredite que não tem poder para nada.
- \# A meta da VILÃ INVISÍVEL é influenciá-la a ficar cada vez mais engessada e com medo de perder o espaço que possui; por isso, você se contenta com pouco.
- \# O plano da VILÃ INVISÍVEL é fazer com que um ambiente profissional seja tão sem graça que a vida pessoal acaba ganhando toda a atenção.

- # A finalidade da VILÃ INVISÍVEL é mostrá-la ao mercado como uma profissional apática e procrastinadora.

Quando a VILÃ INVISÍVEL conduz as suas atitudes, como isso transparece?

- # Sendo "vaselina": que é quando você foge e se esconde dos confrontos, esclarecimentos e decisões, deixando sua vida na mão dos outros.
- # Sendo discreta para não atrair obrigações da vida profissional.
- # Sendo insensível, escondendo sua capacidade de se conectar com outras pessoas.
- # Não tendo grandes responsabilidades com ninguém, fingindo que não está vendo a insatisfação das pessoas ao seu redor, pois só assim você poderá se manter distanciada e sem culpa de nada.
- # Aumentando a sua condição de invisibilidade, não sendo lembrada por ninguém, já que você nunca ajuda em nada.
- # Sendo a famosa "não fede nem cheira", para que seja considerada uma mulher sem poder.
- # Transformando-se em uma mulher morna, inconsistente, para coisas importantes na vida e na sociedade.

Como o mercado trata a profissional VILÃ INVISÍVEL?

- # O mercado não acredita nas suas competências e a trata como uma profissional "café com leite": alguém que está no jogo, mas ninguém passa a bola para você, deixando-a de lado sempre. E, já que a tratam com descaso, você "retribui" com descaso e preguiça.

Quais os três maiores desafios que a VILÃ INVISÍVEL lhe impõe?

- # Vencer a preguiça de assumir o preço do seu crescimento profissional: você se torna uma mulher que é vista pelo mundo como irresponsável que só vê o "trabalhão" que tudo dá.

- \# Vencer a preguiça de assumir seu protagonismo: você se comporta como alguém desinteressada em participar ativamente da própria vida e não aceita assumir a dianteira de forma alguma.

- \# Vencer a preguiça de tomar decisões rápidas: você perde a oportunidade de ser reconhecida como uma mulher de impacto em sua família, equipe e sociedade. Passa a ser desvalorizada, como alguém displicente diante de questões urgentes e fundamentais aos demais.

Quais as três ciladas a que você precisa ficar atenta para não cair nelas?

- \# Acreditar que seu destino é o anonimato.
- \# Procrastinar no trabalho.
- \# Não se movimentar para novos objetivos.

ATENÇÃO: jamais espere que o seu reconhecimento profissional caia do céu (sem conflito, esforço ou antagonismo); jamais se vitimize para justificar a escolha de dar mais energia para a vida pessoal do que para a profissional, pois isso alimenta seu lado VILÃ INVISÍVEL.

Mas, lá no fundo, você sabe que tem mais para dar e muito mais para ganhar na vida, e não merece viver só esse seu lado. Ao perceber que estava sendo guiada por alguma dessas atitudes, você veio buscar o DONA DE SI. Pois bem, você já está no caminho certo para a mudança, porque essa atitude foi o seu lado PROTAGONISTA que tomou, para que você mudasse já!

E) A ansiosa

Quando você dá ouvidos ao seu lado VILÃ ANSIOSA, nem sempre você fica com cara de noite mal dormida, mas vive num estado de ansiedade (conscientemente ou não), sobretudo porque sempre disfarça seus desgastes. Tenha em mente que todos percebem isso, porque você faz esforço para parecer motivada, apresentando-se sempre esfuziante, muitas vezes com comportamentos exigentes e explosivos.

Qual o objetivo da VILÃ ANSIOSA?

A VILÃ ANSIOSA quer tornar toda mulher uma representação do feminino perdida e impotente.

A meta é influenciá-la a ficar cada vez mais covarde e submissa, por achar que tem menos estabilidade emocional do que os outros.

O plano da VILÃ ANSIOSA é que, no seu ambiente profissional, as coisas aconteçam de forma tão imediatista a ponto de tornar as relações inconstantes, fazendo você crer que a carreira é um lugar de desconfianças e sem futuro.

A finalidade da VILÃ ANSIOSA é mostrá-la ao mercado como uma profissional instável, que oscila entre confiar totalmente em algo ou não acreditar em nada.

Quando a VILÃ ANSIOSA conduz as suas atitudes, como isso transparece?

Achando-se mais realista que todos, sendo "trágica" e sempre destacando o erro e os prejuízos, tornando-se, assim, "o farol que previne a tempestade", para depois poder dizer "eu avisei, eu disse, eu sabia".

Sendo afrontosa: a VILÃ ANSIOSA faz de você "abusada" e a influencia a querer desmascarar todas as mentiras e falsidades, e é a primeira a começar uma investigação não autorizada, espalhando "achismos".

\# Desconfiando de tudo e de todos, já que você se sente ameaçada (emocional e fisicamente) o tempo todo. Isso a faz se desesperar e acreditar em qualquer coisa que lhe contem.

\# Sendo ambígua: a VILÃ ANSIOSA a leva a agir como uma mulher que quer ser vista como uma profissional que muda de opinião e atitude constantemente, sendo que, ao final, ninguém sabe o que você pensa de fato. Visivelmente instável em suas definições, você alimenta a fantasia de que está no controle dos imprevistos e se mostra nervosa ao tentar adivinhar tudo o que pode dar errado. Qualquer instituição/pessoa que peça provas de suas desconfianças (levantadas sem evidências comprovadas e graças a vozes na sua cabeça) já a deixa mais desconfiada ainda.

Como o mercado trata a profissional VILÃ ANSIOSA?

\# Como pé-frio: algumas vezes, alguns nichos de mercado podem ser bastante supersticiosos. E a busca incessante em sempre provar que você havia previsto algum problema desencadeia insegurança e irritação ao mercado.

\# Como bagunceira: alguém que sempre se faz de advogada do diabo só para desmascarar as soluções propostas e desestruturar o grupo.

\# Como frouxa: sempre usando sua fraqueza e sua falta de sorte como justificativas para não assumir seu protagonismo.

Quais os três maiores desafios que a VILÃ ANSIOSA lhe impõe?

\# Superar o medo de ser lesada/prejudicada: o medo de ter qualquer tipo de perda a deixa confusa sobre o que é melhor no momento. Mas é a demora em decidir que traz os piores prejuízos.

\# Superar o medo de perder tempo: vive começando coisas que não termina por achar que o próximo passo será mais importante que o atual.

\# Superar o medo de não adivinhar: mostra-se uma mulher que se perde tentando prever cada passo do futuro, enquanto fica imobilizada no presente.

Quais as três ciladas a que você precisa ficar atenta para não cair nelas?

\# Acreditar que seu destino é viver atormentada sobre seu futuro.

\# A angústia entre confiar ou desconfiar demais faz com que se sinta insegura sobre sua própria capacidade de discernimento.

\# Não ser tão leal a si mesma quanto é a quem você entrega sua confiança.

ATENÇÃO: não deseje eliminar todas as pessoas mais inventivas, ou lindas ou interessantes; achar que todos a invejam ou tornar sua rotina profissional um campo de espionagem tão cheio de segredos, manipulação e mágoas pode fazer com que qualquer decisão vire uma novela mexicana na sua vida.

Mas, lá no fundo, você sabe que tem mais para dar e muito mais para ganhar na vida, e não merece viver só esse seu lado. Ao perceber que estava sendo guiada por alguma dessas atitudes, veio buscar o DONA DE SI. Pois bem, você já está no caminho certo para a mudança, porque essa atitude foi o seu lado PROTAGONISTA que tomou, para que você mudasse já!

APRENDENDO A SER PROTAGONISTA – COMO A SUA FRAGILIDADE PODE SE TORNAR A SUA FORÇA?

Você já sabe com qual persona se identifica e quais são suas fragilidades. Então, é hora de descobrir como se tornar protagonista de sua vida, livrando-se do seu lado vilã.

A) A CANSADA tornando-se PROTAGONISTA

Quando você ouve seu lado PROTAGONISTA, deixa de ser a mulher CANSADA de tentar agradar e passa ser a mulher PARCEIRA. O que acontece sob influência do nosso protagonismo é que passamos a ser profissionais conscientes da nossa importância real e específica em cada situação. Tornamos mais prazerosa a jornada em nossa missão de fazer a vida mais alegre e cheia de amigos.

Qual o objetivo da PROTAGONISTA?

Autodomínio: a meta é que ela desenvolva a firmeza interior que leve ao controle pessoal diante de situações em que se sinta desprestigiada/não incluída. Para que perder tempo com explosões emocionais desnecessárias?

Automotivação: o plano é tornar o ambiente profissional tão estimulante e bem entrosado que contagie a vida pessoal sem sobrecarregá-la, pois, para uma PROTAGONISTA, é fundamental sentir-se engajada tanto no âmbito pessoal quanto no profissional. Garantindo força mesmo em momentos em que se sinta sem apoio de pessoas que sempre ajudou.

Autoconhecimento em vez de querer agradar a todos sem trazer positividade para sua vida. Excelência: a finalidade é se mostrar ao mercado como uma profissional que eliminou suas ânsias e carências irreais, já que sabe exatamente o que precisa para se sentir DESCANSADA, aquecida e bem-disposta de verdade para virar seu jogo. Afinal, para que perder tempo agindo como uma profissional exausta fingindo que está tudo sob controle?

Quando a PROTAGONISTA conduz as suas atitudes, como isso transparece?

Influência social: quando estamos nesse modo, criamos relações e parcerias, eliminando desafetos. É baseada na sua capacidade de observação e de ligar os pontos, pessoas e situações facilmente.

Ela nos orienta a sermos "impactantes" para nos mantermos conectadas de verdade com as pessoas e circunstâncias que possam abrir portas e aumentar a eficiência da nossa rede, sem afetação.

\# Eficiência sem conchavos: aqui, o valor está na sua capacidade de contagiar até os mais desanimados. Esse dom para empolgar as pessoas com sua vontade genuína de ajudá-las é mais valioso do que qualquer conchavo para chamar atenção dos poderosos. A PROTAGONISTA sabe que entregar ao mercado um grande sorriso empático é um bom antídoto para a resistência e a desconfiança do público.

\# Senso de importância e maturidade: por conhecer o desgaste emocional que é ser vista como uma profissional que oscila entre ser *good vibes* e alguém que quer reconhecimento o tempo todo por sua colaboração, também tem ciência do valor de ajudar a manter o acesso ao ponto de consciência (em si e em seu grupo) sobre a importância de sua energia e dedicação. Isso a ajuda a não se perder de si em busca de acompanhar os outros. Ela sabe que isso a faz ser vista como uma mulher adulta e autorresponsável. E também é consciente da potência de sua grande colaboração no mundo e na vida de quem tem a sorte de se unir a ela.

Como o mercado trata a profissional PROTAGONISTA?

\# Como acolhedora: em muitas áreas, é tremenda a importância de uma profissional que saiba apoiar sem julgamento e acolha de coração. É tratada como uma profissional "empolgante": alguém que está no jogo para mostrar como não deixar que sua vitalidade e boa disposição sejam afetadas por pequenas frustrações interpessoais diárias.

\# Como fundamental: é consciente do valor de sua presença (independentemente de ser reconhecida ou não). Com isso, o mercado abre concessões pelo seu desejo de ser genuinamente participativa. E até apoia sua luta pelo direito de valorar seu tempo/energia em vez de esperar que o mercado valide.

\# Conexão emocional: torna-se uma profissional vista pelo mundo, mesmo que pareça calorosa demais, como alguém que tem ligação com sua força interior capaz de levá-la ao infinito.

Quais as três grandes vantagens que você tem ao ouvir seu lado PROTAGONISTA?

\# Conexão emocional: torna-se uma profissional vista pelo mundo, mesmo que pareça calorosa demais, como alguém que tem ligação com sua força interior capaz de levá-la ao infinito.

\# Tempo: sabendo como controlar sua agenda para que sua vida profissional não consuma sua alma, ela tem mais tempo fora do expediente para relaxar, recarregar-se e voltar pronta para ajudar o público a administrar a distribuição do tempo.

\# Boa disposição genuína: o que só é feito por arrogância pela VILÃ, aqui é feito de forma humana e gentil pela PROTAGONISTA. Ela não quer mais esfregar na cara de ninguém o quanto carrega o mundo nas costas. Afinal, ela se mantém conectada para que seu senso de pertencimento esteja sempre atualizado, podendo escolher estar com pessoas que merecem sua disposição para levantar e impulsionar a vida.

Quais as três grandes motivações que toda PROTAGONISTA precisa exercitar?

\# A autodisciplina.

\# O seu limite de tarefas.

\# O controle de sua agenda, sempre guardando tempo para seu descanso.

Quais as três grandes crenças que toda PROTAGONISTA tem em si?

\# A de que seu destino é criar laços, cuidados e impulso na equipe/empresa como nenhuma outra profissional faz.

\# A de que manter o controle da sua presença e poder estar tranquilamente com mais pessoas ao mesmo tempo faz com que não seja preciso correr atrás de ninguém igual uma barata tonta nem se sentir sobrecarregada (fingindo que está tudo bem).

\# A de que investir em conforto físico, segurança material e tempo para si garante energia e dinamismo real.

ATENÇÃO: não dependa da autorização dos outros; não faça tudo para as outras pessoas; pensar em você não é uma atitude egoísta; coloque o oxigênio em você antes de colocar em outra pessoa.

Áreas férteis: todas que quiser, contanto que você esteja descansada e organizada.

B) A COMPETITIVA tornando-se PROTAGONISTA

Quando você ouve seu lado PROTAGONISTA, deixa de ser COMPETITIVA para ser VITORIOSA. O que acontece sob influência do seu protagonismo é que você se torna uma profissional que não teme concorrência, pois sabe seu diferencial e com quem, como e quando somar para ganhar. Você passa a ser mais límpida e verdadeira, fazendo a vida mais ágil e produtiva.

Qual o objetivo da PROTAGONISTA?

\# Objetividade: a meta é ser cada vez mais verdadeira com o que você deseja, que é a vitória. Não dissimule seus desejos, atribua a mesma intenção a todos eles e não se envergonhe de querer ganhar.

\# Proatividade: o plano é que o ambiente profissional tenha valores nítidos para todos. Não permita que sua equipe ache que você quer A quando, na verdade, quer B.

- # Articulação: a finalidade é mostrar-se ao mercado como uma profissional que sabe lidar com seu próprio desejo e também negociar com os desejos do outro. Isso requer que você esteja atenta ao seu instinto de competição, freando-o. Dê lugar ao instinto de negociação, unindo dois lados naquilo que será positivo para todos. Isso vai eximir você de ser a pessoa difícil, ou a espertinha que acha que ninguém está vendo o truque. Empoderar sua capacidade de negociação vai lhe conceder o lugar da profissional que traz progresso para todos.

Quando a PROTAGONISTA conduz as suas atitudes, como isso transparece?

- # Resultados rápidos: manter-se motivada é essencial para não se desligar do objetivo. Pequenos resultados constantes podem ajudar a permanecer na rota por mais tempo. Ela se mostra "atenta" e conectada de verdade com as pessoas e circunstâncias que agilizam sua vida, sem a pressão de ter que ser a mais esperta.

- # Alto impacto: aqui, o valor está na capacidade de observação para descobrir que tema é a bola da vez para abrir as portas rapidamente. A PROTAGONISTA sabe que entregar ao mercado o que ele realmente deseja é o melhor antídoto para facilitar e acelerar sua entrada onde quiser.

- # Medalha de ouro: como a PROTAGONISTA conhece o sentimento de raiva que é perder o jogo, também tem ciência da importância de dar medalhas de estímulo para todas as pessoas interessadas em uma questão (pessoal ou profissional). Isso as mantêm engajadas para a vitória do grupo. A PROTAGONISTA sabe que isso a faz ser vista como uma mulher inteligente, estratégica e habilidosa, além de ser estimulante para quem tem a sorte de se unir a ela.

Como o mercado trata a profissional PROTAGONISTA?

\# O mercado a trata como uma mulher de visão, vitoriosa, que tem solução para as questões mais complexas e não tem medo de tomar decisões difíceis. Além disso, o mercado sabe que você é capaz de realizar acordos com concorrentes ou adversários, devido a sua enorme capacidade de negociação.

Quais as três grandes vantagens que você tem ao ouvir seu lado PROTAGONISTA?

\# Sempre tem tempo para você: sua fama de rápida e certeira acaba com o medo da perda de tempo nas negociações.

\# Ser tratada como uma profissional "apagadora de incêndio": alguém que entra no jogo para mostrar como ser rápida na mudança de rota diante de pressões e imprevistos. Valiosíssima.

\# Independência: por ser uma profissional que não quer ficar no último lugar da lista, tem autonomia de tempo para distribuí-lo como achar melhor.

Quais as três grandes motivações que toda PROTAGONISTA precisa exercitar?

\# Agilidade: tornar-se uma mulher que é vista pelo mundo como uma profissional que, sendo muito ambiciosa, sabe bem o que está fazendo, sem criar novos obstáculos.

\# Racionalidade: comportar-se como uma mulher capaz de analisar distanciadamente quem pode colaborar para seu desenvolvimento a médio e longo prazos, sem se limitar pela visão de curto prazo.

\# Ambição: a PROTAGONISTA é motivada pela própria competência e não pelo número de pessoas que derruba. Afinal, ela é atenta ao valor da própria energia e não quer perder tempo desviando-se de inimigos desnecessários, feitos por ganância imediatista.

Quais as três grandes crenças que toda PROTAGONISTA tem em si?

\# A de que seu destino é criar aumento de vendas, entrar em novos mercados e dinamizar relações/processos.

\# A de que manter o controle do seu ritmo de produção evita pontas soltas na entrega.

\# A de que investir no seu controle financeiro faz com que sempre tenha reservas para iniciar novos projetos (ela adora novos desafios).

ATENÇÃO: não se sinta ameaçada por outras mulheres; não subestime o tempo dos outros; torne sua rotina profissional tão fluídica de forma que ela funcione ritmicamente e garanta resultados que sejam a prova de sua natureza vencedora.

Áreas férteis de atuação: facilidade com cargos ou profissões que sejam desafiadores e lhe confiram algum mérito ou destaque, como: gerência, presidência, consultoria, finanças, porta-voz, administração em geral, palestrante, atriz, vendas, relações públicas.

C) A INSEGURA tornando-se PROTAGONISTA

Quando você ouve seu lado PROTAGONISTA, deixa de ser INSEGURA para ser TALENTOSA. O que acontece sob influência do seu protagonismo é que você se torna uma profissional consciente do singular impacto pessoal, profissional e social que causa. Você torna mais prazerosa a missão de fazer a vida mais profunda, criativa e significativa.

Qual o objetivo da PROTAGONISTA?

\# Objetividade: a meta é ser cada vez mais transparente em seus valores e motivações para acelerar os processos pessoais e profissionais. Quanto mais clara for, mais fácil conseguirá resolver. Para que perder tempo dissimulando motivações?

\# Proatividade: o plano é que o ambiente profissional seja tão motivado (com resultados constantes) que o sentido de prosperidade neutralize qualquer rivalidade por medo da miséria e do fracasso. De que adianta criar um ambiente frenético em que cada um está por si?

- # Articulação: a finalidade é mostrar-se ao mercado como uma profissional que sabe transitar em vários grupos e nichos para fazer negócio. Portanto, a PROTAGONISTA não vai se permitir agir como membro do "clubinho separatista"; ela vai provar que pode transitar na diversidade. Afinal, para que perder tempo agindo como uma profissional com problemas de relacionamento com todos?

Quando a PROTAGONISTA conduz as suas atitudes, como isso transparece?

- # Subjetividade: sensibilidade cada vez maior ao intangível, ao secreto e ao valioso da vida. Quanto mais aberta ao mundo das sutilezas, mais inspirada e inspiradora você fica para si e para outras mulheres. Para que perder energia comparando-se com coisas óbvias e previsíveis?

- # Autenticidade: se o ambiente profissional for tão genuíno em seus objetivos e soluções, acabará se revelando também um reflexo da sua vida pessoal, pois o DNA de uma PROTAGONISTA tem que estar em tudo o que ela faz.

- # Excelência: mostra-se ao mercado como uma profissional com envolvimento e sensibilidade suficientes para entender o que é solicitado e realizá-lo com seu estilo pessoal, superando as expectativas. Afinal, para que perder tempo agindo como uma profissional com problemas de comparação com todos?

Como o mercado trata a profissional PROTAGONISTA?

- # O mercado trata a profissional protagonista TALENTOSA como única, original, autoral. Como umaUma profissional sensível, que tem um trabalho que impacta no coletivo.

Quais as três grandes vantagens que você tem ao ouvir seu lado PROTAGONISTA?

Intuição: quando você está nesse modo, parece que vê um raio de luz em uma situação de incertezas. Mas, diferente de "achismo", a PROTAGONISTA valoriza a própria experiência para perceber direta, clara e imediatamente a melhor direção possível. A questão de uma PROTAGONISTA é como usar sua intuição para saber como se manter ligada aos seus desejos, percepções e entendimentos interiores, tendo em vista as necessidades do cenário.

Sentido e propósito: aqui, o valor está na profunda conexão com sua riqueza interior para se manter consciente de que cada talento e competência seu está a serviço de algo maior. A PROTAGONISTA nos estimula a servir ao nosso destino, tornando a nossa vida mais legítima. A PROTAGONISTA orienta você a ser "singular". Afinal, você sabe do que é capaz e não precisa se comparar a nada nem a ninguém. Só assim você se mantém criativa (mesmo no olho do furacão).

Paridade: por conhecer a lástima de não se sentir enxergada ou aproveitada plenamente em seus talentos, a PROTAGONISTA sabe da importância de acolher as desprestigiadas para fazê-las juntar os cacos e tenham condições de expressar suas habilidades autenticamente, sem que se sintam inferiores diante do valor que o mercado dá às profissionais sérias e tradicionais. Você sabe que isso a faz ser vista como uma mulher compassiva, especial e inspiradora. E também consciente de sua potência original e realizadora.

Quais as três grandes motivações que toda PROTAGONISTA precisa exercitar?

Visão subjetiva: tornar-se uma profissional vista pelo mundo, mesmo que pareça misteriosa ou estranha, como alguém que enxerga mais profundamente que a maioria.

- \# Emoção real: saber que a emoção une e motiva, engaja o grupo indo ao ponto de envolvimento e conexão emocional entre seus propósitos pessoais e profissionais.
- \# Refinamento: o que só é feito por inveja pela VILÃ, aqui é feito de forma sensível e inteligente pela PROTAGONISTA. Ela não sofre com paranoias infundadas nem se dispersa em comparações que só a colocam para baixo. Afinal, ela se mantém ligada para que seu senso de competência esteja sempre atualizado em busca de novos e sofisticados resultados.

Quais as três grandes crenças que toda PROTAGONISTA tem em si?

- \# A de que seu destino é criar profundidade, intensidade e criatividade na equipe/empresa como nenhuma outra profissional faz.
- \# A de que manter o controle do tempo que dedica à carreira assegura liberdade e ócio criativo quando precisar.
- \# A de que investir em arte, prazer e bom gosto garante inspiração e equilíbrio emocional.

ATENÇÃO: sinta-se inspirada em vez de ameaçada pelo talento de outras mulheres; não desista quando o reconhecimento demorar mais que o previsto; torne sua rotina profissional tão corajosa e criativa a ponto de funcionar instintivamente, sendo seus resultados a prova de seus talentos únicos.

Áreas férteis de atuação: artes em geral; qualquer atividade que demande criatividade.

D) A INVISÍVEL tornando-se PROTAGONISTA

Quando você ouve seu lado PROTAGONISTA, deixa de ser INVISÍVEL para ser DIPLOMÁTICA. O que acontece sob influência do seu protagonismo é que você se torna uma profissional que sabe onde está seu poder, e sua vida fica mais equilibrada.

Qual o objetivo da PROTAGONISTA?

Ter calma: a meta é ter cada vez mais tranquilidade em suas escolhas e clareza para planejar seu crescimento pessoal e profissional. Para que perder tempo ocultando seu brilho e seus talentos?

Ter imparcialidade: o plano é que o seu ambiente profissional seja tão amigável que a sua vida pessoal não seja sobrecarregada pela falta de tempo. De que adianta criar um ambiente impessoal demais a ponto de levá-la a sentir-se isolada?

Ter modéstia: a finalidade é mostrar-se ao mercado como uma profissional consciente da sua colaboração, sem necessidade de aplausos ou de autorização para atuar no que sabe ser importante. Afinal, para que perder tempo agindo como uma profissional com problemas de participação e integração?

Quando a PROTAGONISTA conduz as suas atitudes, como isso transparece?

Sensatez: mantendo-se lúcida e ponderada sobre como, quando e onde se resguardar ou se posicionar, o que faz com que você não se sinta pressionada.

Serenidade: mantendo sua calma interior, você tem controle de seus prazos e resultados.

Paridade: por você já conhecer o desconforto de não ser enxergada em seu potencial, sabe da importância de dar espaço e participação ao máximo de pessoas na sua equipe. Você se torna mais justa, integradora, discreta e marcante.

Como o mercado trata a profissional PROTAGONISTA?

O mercado trata a profissional protagonista DIPLOMÁTICA com o máximo respeito, entendendo que ela resolve graves crises com seu poder de negociação e sua empatia única. Ela também é tratada com confiança e recebe responsabilidades financeiras.

Quais as três grandes vantagens que você tem ao ouvir seu lado PROTAGONISTA?

Ser respeitada: é tremendo o valor de uma profissional que sabe manter a calma em momentos de crise.

Passar a ser tratada como uma profissional "sábia": alguém que está no jogo para mostrar como manter o controle de suas emoções e não se contaminar com o desespero do cenário.

Ser digna de confiança: você se torna uma profissional que não deseja roubar o holofote de ninguém e que não valoriza a exposição de quem confiou a você seus segredos.

Quais as três grandes motivações que toda PROTAGONISTA precisa exercitar?

Firmeza: tornar-se uma mulher vista pelo mundo como uma profissional que, mesmo que pareça tímida ou quieta, sabe bem o que está fazendo.

Maturidade: comportar-se como uma mulher capaz de assumir e cumprir deveres e responsabilidades sem preguiça ou desinteresse.

Organização: entregar suas tarefas no prazo, mesmo que você tenha muitas ideias.

Quais as três grandes crenças que toda PROTAGONISTA tem em si?

A de que seu destino é criar pacificação e diversidade na equipe.

A de que é preciso manter o controle do seu tempo de trabalho para que a vida pessoal não seja um escapismo do tédio e da pressão.

A de que investir no seu bem-estar físico e mental garante equilíbrio entre as esferas profissional e pessoal. É preciso dar atenção à saúde.

ATENÇÃO: você não depende da autorização dos outros para nada; não se vitimize quando preferir manter a discrição; torne sua rotina profissional harmônica; acredite que seus resultados sejam a prova de seu brilho pessoal.

Áreas férteis de atuação: recursos humanos, serviço social, meditação/ioga, psicanálise, psicoterapia, mediação, gerenciamento de fusões, ações diplomáticas. O que não quer dizer que não se deem bem em outras funções, mas, de preferência precisam servir a uma causa ou a um propósito.

E) A ANSIOSA tornando-se PROTAGONISTA

Quando você ouve seu lado PROTAGONISTA, deixa de ser a mulher ANSIOSA tentando prever todos os problemas e passa a ser a mulher CORAJOSA que confia em suas próprias decisões e estratégia. O que acontece sob influência do seu protagonismo é que você se transforma em uma profissional consciente do seu bom planejamento e visão de futuro. Você torna mais estável a missão de criar um futuro consistente e administrável.

Qual o objetivo da PROTAGONISTA?

Conhecer seus limites para manter a excelência do seu trabalho, afinal, você não será, nunca mais, a que atrasa as entregas por falta de planejamento.

Ter a coragem de dizer não para demandas que não farão você crescer, que só implicarão perda de tempo. Aquelas demandas em que todos ganham, menos você.

Estabelecer critérios para aceitar estar num projeto: remuneração? Propósito? Ineditismo? Ou quais?

Quando a PROTAGONISTA conduz as suas atitudes, como isso transparece?

Hierarquização: não há confusão sobre o que deve ser feito primeiro nem a quem pedir ajuda. A hierarquia de prioridades é baseada na valorização da própria opinião sobre o que é mais relevante em

curto, médio e longo prazos. A PROTAGONISTA CORAJOSA orienta você a ser "leal" (à sua palavra com você mesma e com os outros, principalmente) para não criar desordem e instabilidade em sua visão de futuro. Compromete-se (consigo e com o cenário) a ir até o fim nos seus objetivos.

Análise objetiva: aqui, o valor está na sua capacidade de idealizar e monitorar projetos/objetivos. Esse dom para avaliar todos os lados da situação para decidir as possiblidades é valioso. Você sabe que entregar ao mercado um bom planejamento de curto e médio prazos é um ótimo antídoto para o medo do erro.

Transparência: por conhecer o nervosismo de não saber em quem confiar, você tem consciência da importância de dar provas e garantias ao máximo de pessoas interessadas em uma questão (pessoal ou profissional). O importante para você é tornar o mundo ao seu redor um lugar mais transparente e com critérios claros de liderança. Você sabe que isso faz com que você seja vista como uma mulher consistente e confiável. E também consciente da potência de suas "previsões" sobre o mundo e a vida de quem tem a sorte de se unir a você.

Como o mercado trata a profissional PROTAGONISTA?

Como sagaz: é tremendo o valor de uma profissional que sabe remanejar os planos sem perder o controle das atividades em momentos de crise.

Como "visionária": alguém que está no jogo para mostrar como manter a visão de futuro e desenvolver argumentos sólidos quando ainda não existem evidências do que está apresentando ao mercado.

Como candidata a cargos de confiança: uma profissional que não deseja roubar a liderança de ninguém e que não dará motivos para duvidarem de suas projeções para o futuro.

Quais as três grandes vantagens que você tem ao ouvir seu lado PROTAGONISTA?

Força: tornar-se uma mulher que é vista pelo mundo como uma profissional que, mesmo que pareça questionadora, sabe a quem deve dar ouvidos e seguir os conselhos, sem que isso enfraqueça seu desempenho.

Estrutura: mostrar-se como uma mulher capaz de assumir e cumprir deveres e responsabilidades sem medo, irritação ou pular etapas.

Reflexão: o que só é feito por nervosismo pela VILÃ, aqui é feito de forma testada e analisada pela PROTAGONISTA. Afinal, você se mantém atenta para saber na prática o que funciona ou não tanto hoje quanto no futuro que idealiza. Por isso, não se assusta com a preocupação de não conseguir lidar com adequações urgentes de rota ou mudanças inesperadas.

Quais as três grandes motivações que toda PROTAGONISTA precisa exercitar?

Acreditar que seu destino é criar evidências, projeções e prevenções na sua equipe como nenhuma outra profissional faz.

Manter o controle do tempo que dedica à carreira para não ficar estressada achando que sempre deixa buracos em alguma etapa dos seus projetos pessoais ou profissionais.

Saber dizer não.

Quais as três grandes crenças que toda PROTAGONISTA tem em si?

Visão: desenvolve o "olhar de águia" em análises de risco para rapidamente identificar o que vale a pena ser aprofundado numa análise pessoal ou profissional. Para que perder tempo sofrendo com dados incompletos?

\# Precaução: tornar o ambiente profissional tão constante e bem planejado de forma que neutralize a angústia em relação ao seu futuro pessoal; garantindo foco e retaguarda mesmo em momentos em que você se sinta bombardeada por fatos contraditórios.

\# Autoconfiança: mostrar-se ao mercado como uma profissional com dados e análises suficientes para entender o que é solicitado e realizar tudo com seriedade. Afinal, para que perder tempo agindo como uma profissional com problemas de concretização?

ATENÇÃO: investir em projetos estáveis, de longo prazo e que envolvam proteção/cuidados preventivos para si e para o mundo.

Áreas férteis de atuação: marketing digital, TI, engenharia, liderança de projetos, produção de eventos, produção de filmes, realização de grandes eventos.

COM A PALAVRA, NOSSAS DONAS DE SI

Agora que você já identificou sua VILÃ e sabe como transformá-la em PROTAGONISTA, quero que conheça DONAS DE SI que passaram pela JORNADA TRANSFORMADORA. E lembre-se: você será a próxima!

1) SAMIRA RAMALHO, 32 anos – Teresina/PI (ex-mulher cansada). Encontrou apoio e rede de entusiasmo.

"Depois da JORNADA TRANSFORMADORA DONA DE SI, tudo mudou na minha vida e, principalmente, o mais importante: eu mudei dentro de mim. Melhorei minha confiança e minha autoestima. Tirei do armário um sonho antigo do qual eu já tinha até me esquecido, que era fazer cinema. Estou superempenhada nisso; desde então, eu não parei nem um minuto de produzir. Tenho tentado vários editais e feito parcerias importantes com artistas. Nunca mais deixei de acreditar em mim mesma, nem passar oportunidades por achar que não sou capaz. Mudei minha profissão radicalmente e, agora, estou fazendo algo que me dá muita alegria, muito entusiasmo e prazer. Estou certa de que vou colher muitos frutos. Antes, eu trabalhava em outras áreas que não estavam me dando nenhum retorno financeiro, como eu gostaria, nem me validando. Eu não tinha o apoio que o Instituto Dona de Si está dando, a mim e também às companheiras que fizeram a jornada comigo, para seguirmos em frente. A rede que construímos tem sido essencial."

2) ANGÉLICA RODRIGUES, 32 anos – Curitiba/PR (ex-mulher competitiva). Encontrou seu poder interior, fortaleceu sua força de ação, sem se comparar com outras pessoas.

"Eu sou publicitária, produtora e roteirista. Ano passado, tive a alegria imensa de participar de uma semana de mentoria com a Suzi Pires, no Instituto Dona de Si, e isso transformou a minha trajetória não só profissional, mas principalmente a de como ser uma mulher criativa. A Suzi é muito comprometida em fazer com que nós – mulheres empreendedoras, criativas e profissionais – nos engajemos na nossa jornada, nos nossos sonhos e desejos. E isso trouxe um poder interior muito grande para mim. Eu já estava nesse processo de autoconhecimento e busca da minha essência como mulher, e o universo consentiu em que eu tivesse a oportunidade de conhecer o instituto e ver de perto a paixão que a Suzi tem por essa causa em prol das mulheres. Então, com certeza, tudo o que eu vivi e aprendi lá me fortaleceu e me fez enxergar a força criativa muito potente que existe dentro de mim. O Instituto Dona de Si me capacitou e foi um grande incentivador para que essa energia se tornasse mais poderosa e me levasse a fazer escolhas assertivas dentro da minha jornada."

3) CLÁUDIA ROBERTA, 35 anos – Campo Grande/MS (ex-mulher insegura). Encontrou equilíbrio interior, conseguiu se realizar ao acreditar no seu talento.

"Depois de seis meses em que tudo aconteceu, posso dizer que muita coisa mudou, principalmente dentro de mim. Antes da jornada, eu estava em descompasso comigo mesma, algo não se equilibrava na minha vida. Eu buscava alguma coisa, mas não sabia o que era, tinha a sensação constante de falta. Era como se eu fosse um carro tentando dar a partida sem conseguir pegar, essa era a minha vida. Depois de todas as vivências da JORNADA TRANSFORMADORA DONA DE SI no instituto, que foram maravilhosas e profundas, consegui dar a partida na minha vida e me enxergo hoje muito mais dona de mim, dona da minha verdade, da minha arte, das minhas histórias, dona da minha vida."

4) MIRTES SANTANA, 22 anos – São Paulo/SP (ex-mulher invisível).
Conseguiu desenvolver habilidades para concretizar suas ideias, fazendo extravasar sua coragem.

"Eu sou roteirista e já faz um tempinho desde que eu passei pela vivência DONA DE SI, com a Suzana Pires. De lá para cá, algumas coisas bem legais e importantes aconteceram. Eu acho que isso só foi possível por conta do plano de ação para carreira, que faz parte da formação no instituto. Eu tenho desenvolvido habilidades para concretizar minhas ideias. Com isso, acabei vencendo um concurso que dava uma viagem para Los Angeles, na Califórnia, onde fiz contato com profissionais da área de cinema, assisti a *masterclasses* sobre a indústria norte-americana e tive, inclusive, oportunidade de fazer um *pitching* para um projeto de documentário, que teve um retorno bem legal. A conquista de autoconfiança e coragem também foi muito importante para mim em termos de aprendizado no instituto, pois, a partir dessa imersão, tirei várias ideias da gaveta para serem desenvolvidas. É claro que, durante a jornada, tive que enfrentar obstáculos; mesmo assim, percebi que tinha uma voz muito forte e presente dentro de mim que eu precisava extravasar e que a forma de fazer isso era por meio dos meus roteiros. A coragem de erguer a minha voz foi meu maior ganho nessa jornada."

5) ANA CELIA COSTA, 36 anos – Manaus/AM (ex-mulher ansiosa).
Conseguiu desenvolver planejamento e foco obtendo conquistas imensas.

"A mentoria com a Suzana Pires dura, a princípio, uma semana, mas na verdade até hoje tiro dúvidas e conto muito com o Instituto Dona de Si em todas as minhas ações. Fiz o curso de cinema na Academia Internacional de Cinema, em São Paulo – foi maravilhoso. Fui uma das roteiristas e também a diretora do filme *Fala com meu chefe* – na verdade, a única mulher na equipe, isso é importante ressaltar. Após toda essa experiência, eu me mudei para São Paulo, cursei a Academia Internacional de Cinema e consigo, hoje, trabalhar no audiovisual e no digital, obtendo conquistas a cada dia e planejando minha vida dentro disso; as confusões da falta de planejamento e foco, deixei para trás."

PASSO 5 – O QUE EU DEIXAREI PARA O MUNDO?

Quando cheguei a essa etapa, minha questão não era mais somente investir em mim, nem saber onde eu poderia chegar profissionalmente. Também não era mais poder comprar um *look* incrível para ir a um evento. A essa altura, eu já podia comprar todas as roupas que tivesse vontade e tinha uma coleção de bolsas caríssimas, além de uma vida profissional estável. A minha questão agora era: o que eu vou deixar para o mundo? O nome disso é legado, algo que você faz pelo coletivo e que pode impactar diversas gerações. Meu Deus! Lá atrás, eu só queria dançar em varandas, agora estava pensando em legado. Isso sim é uma jornada, uma trajetória construída e ainda em construção; porque minha inquietação por renovação é o que jamais vai me deixar morrer. Então, comecei a me perguntar: "O que eu posso fazer pelas pessoas? Como posso contribuir para transformar o mundo num lugar melhor?".

A minha questão era bem óbvia para mim: contribuir para promover a equidade entre gêneros no mercado de trabalho. Mas eu sabia que apenas escrever a coluna ou vender um produto não produziria o impacto que meu coração desejava. Foi assim que, depois de ruminar e ruminar, eu acordei numa madrugada, às três horas da manhã, com a ideia inteira do Instituto Dona de Si na cabeça. E entendi, finalmente, qual o legado que eu queria deixar para o mundo: acelerar a carreira de mulheres que possuem um imenso talento, mas estão sempre batendo com a cabeça no "teto de cristal".

O Instituto Dona de Si não nasceu de um desejo assistencial, mas de uma gana por formar líderes, mulheres protagonistas das suas próprias existências. Eu queria mexer numa faixa de mulheres que ficam esquecidas num mesmo lugar por toda uma vida, sendo que o talento que elas carregam poderia levá-las muito mais longe. Eu via isso acontecer no audiovisual (área em que o instituto começou atuando) e entendi que, também ali, a questão jamais foi competência, mas autoestima, autoconfiança, domínio do próprio espaço e luta por protagonismo.

Eu estava com tanta raiva do "clube do bolinha de homens brancos" do audiovisual brasileiro porque havia acabado de ser "vítima" desse sistema; por isso, fui com tudo para me unir às mulheres criadoras: aquelas que criam, mas não assinam; aquelas que escrevem todo um trabalho, mas não recebem o crédito por isso; aquelas que dirigem, mas continuam assistentes; porque há sempre um grande homem concedendo aquele espaço a elas, e é obrigação de cada uma agradecer-lhe por estar ali. Ah, vão praquele lugar, cambada de nojentos!

Minha primeira ação foi escrever uma coluna inteira dedicada à misoginia dentro do audiovisual brasileiro, sem dar nomes, mas com uma mensagem contundente que se espalhou pelo mercado. Ficava claro naquele texto que eu não iria mais aceitar o lugar em que estavam querendo me forçar a permanecer e, ao fazer isso, estimularia diversas outras profissionais a fazerem o mesmo, acabando, pouco a pouco, com os abusos cometidos: morais e sexuais. Para começar a agir – porque eu só acredito em ação –, decidi não mexer nas minhas economias, mas arrumar algum jeito de ser a primeira a investir no meu sonho, e tchan, tchan, tchan, tchan! A ideia veio! Por que não vender as bolsas de luxo que estavam expostas no meu closet e eram caras para dedéu?

O CASO DA VENDA DAS BOLSAS DE MARCA

INSTITUTO
#DONADESI

Eu tinha a tal coleção de bolsas de uma marca muito cara, que fui compondo ao longo do tempo para validar meu sucesso. A cada grande trabalho, uma bolsa era comprada; dessa forma, eu me presenteei durante alguns anos, mas aquilo não estava mais fazendo sentido, apesar de adorar cada uma delas. Sei lá, elas pareciam ultrapassadas, prontas para serem renovadas e transformadas em algo maior. Assim foi feito.

Houve ainda um detalhe que impulsionou a venda das bolsas caríssimas: o diretor criativo da marca em questão, sr. Karl Lagerfeld, era vivo e deu declarações violentas sobre a existência do #metoo, chegando a dizer que nós, mulheres, estávamos acostumadas com assédio e que todo esse movimento não iria dar em nada, apenas acabar com carreiras de fotógrafos brilhantes. Eu até podia aceitar um senhor de idade ter esse tipo de opinião, mas não entendi – e ainda não entendo – a marca não ter se posicionado contra tal depoimento. Isso quebrou meu coração, que era inteiro deles.

Diante de tal discrepância entre o que a marca simbolizava e sua postura, preferi ficar com meu instituto e a promessa de que jamais compraria nada de marcas misóginas, homofóbicas ou racistas. E assim venho tentando fazer. Isso é consumo consciente e também a certeza de que é o nosso poder de compra que faz algo existir. Atente-se a isso!

Retomando: peguei as doze bolsas, divulguei-as no BagMe, um e-commerce de luxo, consegui vender todas e apliquei o dinheiro arrecadado no instituto, durante seu primeiro ano de operação. Foi assim que tudo começou. Contratei uma advogada e uma contadora para fazer as coisas dentro dos conformes, do mesmo jeito que tinha agido antes. Na verdade, de forma ainda melhor, pois dessa vez eu tinha experiência. Além de ter o instituto com toda a burocracia em dia, eu também tinha a marca Dona de Si registrada no INPI. Caríssima leitora, é importante registrar a sua marca e jamais copiar o nome de uma marca já existente.

Comecei "acelerando" mulheres cujo tamanho do talento e também da limitação que o mercado impunha a elas eu já conhecia: Clara Sória, Tatiana Tibúrcio e Luana Xavier. As duas primeiras, roteiristas e diretoras; a segunda, atriz e apresentadora.

Na prática, essas acelerações consistiram em: apoiar a Tatiana na realização do piloto da série que ela desenvolvera, *A face negra do amor*; investir no documentário da Clara Sória sobre a Leona Vingativa; e acompanhar a carreira da Luana, ajudando-a a promover sua visibilidade e apoiando-a nas produções em que estivesse envolvida.

Além disso, lançamos, em parceria com o Amir Slama, uma linha de *body* para todos os corpos e, com nosso desfile na São Paulo Fashion Week, estabelecemos a verdadeira diversidade e inclusão na passarela: com mulheres reais, vestindo todos os tamanhos – do 36 ao 56 –, belas, plenas e DONAS DE SI. Foi um sucesso estrondoso, que pôs o instituto no radar de marcas que eram possíveis patrocinadoras – algo fundamental para nossos projetos.

DONA DE SI TÁ NA MODA

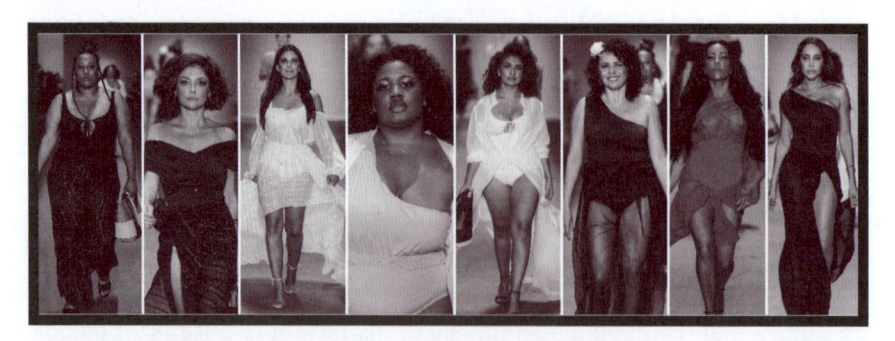

A partir daí, entendi que estávamos prontas para crescer e seguir para a próxima etapa, que era aumentar a equipe. Contratei dois profissionais: um gestor e uma especialista em responsabilidade social, que colaboraram no desenho e no orçamento de todos os meus sonhos. Então, entramos em editais e leis de incentivo, e eu me joguei em reuniões com marcas para apresentar o instituto. As coisas esquentaram quando conversei com a Maythê Birman, minha amiga querida, sobre o projeto DONA DE SI, e ela me apresentou ao pessoal da Arezzo: Carol Muzzi, Silvia Machado, Raissa Bittar, o fundador, Anderson Birmen, e o presidente, Ale Birman, que adoraram a proposta de formação de líderes femininas. Portanto, a primeira iniciativa do instituto saiu do papel através da Arezzo&Co, que mudou a vida de diversas mulheres com essa ação.

Com Silvia e Carol, tive um encontro muito forte. Nós criamos o Concurso de Roteiro cujo objetivo era nítido: mudar a vida de todas as mulheres que participarem! Vender sapato seria uma consequência de uma ação empática e transformadora. Essa é a publicidade na qual acredito.

Foi um projeto do qual nos orgulhamos muito: I Concurso de Cinema Feminino Arezzo Dona de Si. Era um concurso de roteiros para filmes de cinco minutos para mulheres de todo o país cujas cinco vencedoras, uma de cada região, teriam seus filmes realizados como a Campanha de Alto Verão 2020 da Arezzo, sob o tema protagonismo feminino. Mais de trezentos roteiros foram inscritos, e as vencedoras (Mirtes Santana, Claudia

Roberta, Ana Celia Costa, Samira Ramalho e Angélica Rodrigues) vieram ao Rio de Janeiro para a vivência da JORNADA TRANSFORMADORA DONA DE SI, além de receberem uma mentoria para os seus roteiros. Em seguida, rodamos os cinco filmes, sob a minha direção artística.

AS ROTEIRISTAS DONAS DE SI DA CAMPANHA AREZZO

Nossa equipe e elenco primaram pela inclusão, tendo mulheres brancas e negras em número quase igual, tanto em espaços de liderança no set como atuando. Participaram das fotos e dos filmes atrizes consagradas, mas que normalmente não são convidadas para campanhas. Tiveram protagonismo absoluto: Luana Xavier, Letícia Karneiro, Tatá Lopes, Julie Nakayama e a estrela absoluta: dona Léa Garcia.

DONA DE SI + AREZZO

Fizemos dois lançamentos em cinemas: um no Rio de Janeiro, outro em São Paulo. Depois, a campanha foi para as lojas do Brasil inteiro, dando visibilidade para o trabalho do instituto e para as roteiristas e atrizes. A marca também teve sucesso com o aumento em 90% do tráfego no seu *marketplace*, alcançando mais de 10 milhões de impactos com a campanha digital nas redes sociais. Foi um *golaço* na sedimentação da #ArezzoJuntas porque, de fato, o projeto foi feito com mulheres unidas para que tudo desse certo, e isso acabou se tornando verdade. Alguns meses depois desse projeto, fui convidada pela agência Africa para falar no Africa Talks sobre o case Dona de Si + Arezzo. Lá fomos eu e Raissa, mais uma vez, juntas. Sim, eu ouvi a palavra CASE da maior agência de publicidade do país. Isso mudou tudo para mim.

No Africa Talks, falamos eu, pelo IDS, e Raissa, pela Arezzo; explicamos toda a preparação da campanha, como foi feita e os resultados alcançados, para uma plateia de atendentes de contas e agentes de criação, que queriam entender como havíamos conseguido unir propósito de marca e produto com tanta harmonia, numa mesma ação. Para mim, estava nítido o caminho do Instituto Dona de Si: descobrimos como realizar grandes projetos e causar impactos gigantescos na audiência, e seguimos nessa linha.

Depois da Arezzo, atendemos à Brazil Foundation quanto ao seu desejo de inserir modernidade e diversidade em sua celebração anual. Montei uma equipe de roteiristas "aceleradas" pelo instituto e criamos um vídeo inacreditavelmente lindo e impactante com uma CIRANDA DE SORORIDADE entre as mulheres premiadas. Além disso, escrevemos todo o texto da premiação, quebrando a rigidez e investindo na assertividade das ações em prol das mulheres.

VOLTANDO AO DIA A DIA DE IMPACTO DO INSTITUTO

Como mostrei no Passo 4, as cinco roteiristas vencedoras do Concurso Arezzo tiveram uma mudança significativa em suas vidas após a JORNADA TRANSFORMADORA DONA DE SI, cujo conteúdo passo a destrinchar a partir de agora. Trata-se de uma formação em empreendedorismo que ensina TODAS AS MULHERES a saírem da dimensão VILÃ de suas vidas e atingirem sua dimensão PROTAGONISTA, por meio de aulas teóricas e práticas, criadas por mim e pela Virginia de Gomez.

A mulher que se propõe a passar pela formação no instituto tem acesso aos seguintes módulos, perfazendo o nome DONA DE SI.

1. **D:** desenvolvimento pessoal;
2. **O:** organização e planejamento;
3. **N:** naturalidade com seu talento;
4. **A:** assenhoramento do seu poder;
5. **D:** descoberta e análise de mercado;
6. **E:** empatia;
7. **S:** segmentação;
8. **I:** inteligência emocional.

Sendo que cada módulo é divido em capítulos:

1) DESENVOLVIMENTO PESSOAL:
- **1.1** Saúde;
- **1.2** Segurança financeira;
- **1.3** Relacionamentos saudáveis;
- **1.4** Autenticidade da sua beleza;
- **1.5** Conhecimentos gerais.

2) ORGANIZAÇÃO E PLANEJAMENTO:
- **2.1:** Plano financeiro;
- **2.2:** Organização do tempo e gestão.

3) NATURALIDADE COM SEU TALENTO:
- **3.1:** Marketing digital;
- **3.2:** Aula de *video selfie*;
- **3.3:** Como fazer um projeto social.

4) ASSENHORAMENTO DE SEU PODER:
- **4.1:** Liderança.

5) DESCOBERTA E ANÁLISE DE MERCADO:
- **5.1:** Como fazer pesquisa de mercado;
- **5.2:** Como sair na frente da concorrência.

6) EMPATIA:
- **6.1:** Sororidade na prática.

7) SEGMENTAÇÃO:
- **7.1:** Como mapear seu público.

8) INTELIGÊNCIA EMOCIONAL:
- **8.1:** Psicologia positiva.

Toda essa formação foi criada a partir da pirâmide de Maslow e possui metodologia de ensino a distância para mulheres adultas com tarefas, ações e metas a serem acompanhadas. A mudança de vida é imediata.

PIRÂMIDE DE MASLOW

Criada pelo psicólogo Abraham H. Maslow, a pirâmide de Maslow é um esquema que apresenta uma divisão hierárquica em que as necessidades consideradas de nível mais baixo devem ser satisfeitas antes das necessidades de nível mais alto. Maslow definiu uma série de cinco necessidades do ser, dispostas conforme se vê:

- AUTORREALIZAÇÃO
- STATUS - ESTIMA
- SOCIAIS
- SEGURANÇA
- FISIOLÓGICAS

A JORNADA TRANSFORMADORA DONA DE SI faz com que você seja dona de sua trajetória, com poder de escolher seu caminho, diante de um plano financeiro e um plano de negócios pensado para a realidade feminina. Formamos mulheres líderes de suas vidas, mais felizes, com mais dinheiro na conta bancária e cheias de propósitos.

A seguir, algumas dessas mulheres contam como foram suas experiências na JORNADA TRANSFORMADORA DONA DE SI.

DANIELA COSTA
40 anos – Salvador/BA.
Área: finanças e gestão

"Hoje eu me cuido mais, dou mais atenção às minhas necessidades e consigo fazer coisas de que gosto – dançar, por exemplo. Com as aulas de negociação, consegui fechar uma bolsa para as aulas de dança! A JORNADA TRANSFORMADORA DONA DE SI e a MASTERCLASS foram um divisor de águas em minha vida porque tive coragem de tirar do papel o meu sonho e trazê-lo para a realidade.

É possível você prestar um serviço de forma remota com aquilo que você sabe fazer muito bem. Eu sou muito boa em lidar com as áreas financeira e de gestão, mas não acreditava que seria capaz de tocar um negócio. Passei a acreditar porque transformei meus pontos fracos em fortes seguindo os passos da jornada; com isso, estou tendo os resultados que quero. Estou fazendo prospecção de clientes (que eu achava que não iria conseguir!) e sei que terei muitos clientes e a carteira cheia de dinheiro. Eu me livrei de ambientes de trabalho que não me faziam bem, me colocavam para baixo e não me respeitavam. Quebrei esse ciclo ruim na minha vida! Hoje, sou convidada para fazer *lives* falando sobre minha experiência com finanças, participo de workshops ensinando os primeiros passos do empreendedorismo e do plano financeiro. E o instituto nos acompanha desde o início, falando sobre marketing, plano de negócios, prospecção de clientes. Elas falam com a gente! Eu não tenho mais dúvidas sobre as minhas capacidades. Hoje, sigo minha intuição e respeito minha vulnerabilidade. Estou muito feliz em ser uma DONA DE SI e orgulhosa das minhas conquistas!"

ELAINE SIMPATIA
46 anos – Rio de Janeiro/RJ.
Área: vendas

"Comecei a trabalhar aos 11 anos de idade. Em abril de 2018, abri uma loja online sem planejamento ou organização, só tinha o nome. Um ano e meio depois, minhas sócias me deixaram sozinha, e, como eu estava com um trabalho fixo e não sabia nada sobre aquele mercado, decidi encerrar o negócio. Em 2020, assisti a uma *live* da Suzana Pires, no Instituto Dona de Si, com a CEO Mariana Mendes, que disse: 'Acredite no seu *feeling*, você receberá muitos nãos, mas tudo o que é feito com amor dá certo!'. A Suzi falou sobre a formação na JORNADA DONA DE SI, e tudo isso mexeu muito comigo. Daí me inscrevi na JORNADA TRANSFORMADORA DONA DE SI e também para ser representante DONA DE SI. Fui selecionada e, como representante, tive a sensação de ser referência de mudança porque eu, realmente, fui transformando coisas na minha vida a cada aula a que assistia. Eu tinha o hábito de procrastinar e, na jornada, acabei com isso. Planejei, saí do meu emprego fixo e estou reinaugurando a minha loja com tudo organizado: logotipo, fornecedores, marketing digital, plano financeiro. Tive essa coragem e a capacidade de colocar em prática isso somente após a jornada. Sem falar que o grupo fechado no Facebook para tirar dúvidas com a Suzana também me ajuda muito. Ela pega no nosso pé e puxa nossa orelha! Ah! Também me comunico com o instituto via WhatsApp, e a Giselia Carvalho é sempre solícita e ajuda demais. O Instituto Dona de Si segurou a minha mão e eu permiti que isso acontecesse. O meu sonho era poder falar: eu administro meu tempo e hoje posso afirmar isso, mesmo na correria do dia a dia. Muita gratidão. Hoje, eu sou uma DONA DE SI."

ANA RODRIGUES
55 anos – Brasília/DF.
Área: palestras

"Fiz a masterclass 'A hora da sua virada', e o curso foi decisivo para me inspirar, promover insights para uma nova caminhada. O resultado é que estou aqui, na minha nova carreira, como palestrante, mentora, facilitadora de workshops para mulheres. Estou transformada! Sou grata ao Instituto Dona de Si porque o processo valeu muito a pena!"

BIA FRÁGUAS
47 anos – Rio de Janeiro/RJ.
Área: desenvolvimento humano

"Antes de ser aluna da JORNADA TRANSFORMADORA DONA DE SI, eu era uma pessoa que não me priorizava. Cuidava de todo mundo, colocava todas as pessoas na minha frente. Busquei na jornada uma forma de aprender a empreender e, logo na primeira aula, tomei o primeiro 'tranco' de que precisava. Nessa aula, nossa tarefa era fazer os exames de rotina, e eu lembrei que havia muito tempo que não fazia isso. Decidi, então, agendar os exames, e neles foi diagnosticado um câncer de mama, em estágio inicial. Comecei o tratamento, já passei pela quimioterapia, por cirurgia, e agora estou na fase da radioterapia. Estou curada. E pronta para viver a vida que eu nasci para viver. Hoje, eu me priorizo e entendi que isso não é egoísmo, ao contrário: a gente só pode dar aquilo que tem e, quando me coloco em primeiro lugar, fico mais forte para cuidar do outro, da minha família, dos meus filhos. A jornada me fez identificar uma doença grave a tempo de curá-la, fez com que eu me colocasse em primeiro lugar e me fortalecesse em todas as áreas da minha vida. Isso é a JORNADA TRANSFORMADORA DONA DE SI."

LOUISE GUIMARÃES
36 anos – Dumas, Texas/EUA.
Área: vendas/gastronomia

"Este livro é um grande presente do universo para as mulheres. Em maio de 2020, a pandemia chegou forte aos Estados Unidos e foi avassaladora. Eu era *cakedesigner* do Walmart, tinha acabado de ganhar uma bonificação e, logo, iria subir de cargo, já com reconhecimento profissional. De repente, estava grávida, precisando ir para casa correndo me resguardar do vírus. Saí do trabalho. No começo, eu estava feliz, achando que eram férias, mas a realidade bateu e a insegurança veio. Que carreira eu iria ter a partir daquele momento? Como eu iria ganhar dinheiro? O que seria de mim? Como meus filhos iriam se orgulhar de mim? E como eu iria me ver como pessoa? Meus fantasmas começaram a me assombrar. Eu não estava feliz, não me sentia quem eu poderia ser. Um dia, assisti a uma *live* da Suzana Pires com a Fernanda Souza, porque adoro as duas, e fiquei feliz em saber que eram amigas. A Suzana começou a explicar sobre o Instituto Dona de Si e, ali, eu senti que minha situação tinha salvação. A Suzana disse que queria ajudar mulheres. E eu pensei: 'Que pessoa simples! Ela se importa com a gente! Com o nosso progresso, com a realização dos nossos sonhos, e mostra que podemos realizar isso em qualquer idade!'. Então, comecei a JORNADA TRANSFORMADORA DONA DE SI e consegui dar a virada em minha vida! Pude redescobrir quem eu era como pessoa, não só como mãe e esposa. Eu não sabia disso, nem o que eu queria fazer. Eu me sentia sozinha.

Na MASTERCLASS, a Suzi faz a análise dos nossos propósitos, como você se torna protagonista da sua vida. Eu pulei dentro de mim, segurando a mão da Suzana; nessa imersão interior, fiz todas as tarefas da jornada. Hoje, já sou professora de vendas da jornada e uma DONA DE SI!"

ALINE COIMBRA
40 anos – Rio de Janeiro/RJ.
Área: artesanato e moda

"A JORNADA TRANSFORMADORA DONA DE SI foi a melhor coisa que aconteceu na minha vida. Com certeza. Reaprendi qual é o meu papel no mundo e descobri um mundo chamado 'Aline'. Então, passei a me priorizar, me revi como mulher, porque até então eu era a exausta, que sempre servia a todos, deixando-me para depois. Durante todo o ano de 2020, fiz a JORNADA TRANSFORMADORA DONA DE SI e a MASTERCLASS, e, com toda essa bagagem e apoio do instituto, consegui me libertar de um relacionamento abusivo, psicologicamente e moralmente muito grave. Esse abuso era sutil e diário, e só consegui detectar e entender o que estava acontecendo graças à jornada. Ao longo do ano, consegui me desvencilhar dessa relação, porque eu não aguentava mais. Consegui minha liberdade, renovei meus valores e minha vontade de viver. Sou artesã, mas estou aprendendo algo novo, que é modelagem. Quero vestir mulheres para que possamos nos sentir sempre maravilhosas. Esse sonho vai se tornar realidade porque hoje eu tenho Deus, o Instituto Dona de Si, e me sinto forte. Gratidão."

CRIS DOS PRAZERES
45 anos – Rio de Janeiro/RJ.
Área: responsabilidade social

"Eu sou uma mulher DONA DE SI, acredito no poder feminino. Para mim, o Instituto Dona de Si é uma luz! Além disso, muito profundo e sagrado. Entendi que o instituto surgiu de uma inquietação da Suzana para ser uma mulher que ilumina outras mulheres, e isso me cativou muito. O instituto é mais uma 'tecnologia' social que gera impacto econômico no mundo feminino, um lugar de esperança e de realização. Hoje, sou diretora do núcleo Dona de Si na Comunidade dos Prazeres e mentora de outras mulheres que cursam a JORNADA TRANSFORMADORA DONA DE SI e moram aqui. A potência delas triplica. O trabalho funciona."

SORORIDADE
SORORIDADE

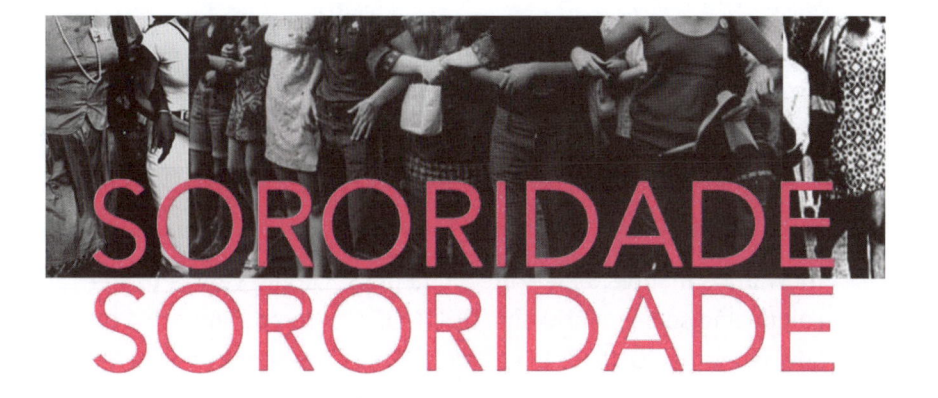

O olhar cheio de amor e confiança em todo o potencial feminino só me foi possível quando eu realmente passei a exercitar e acreditar na aliança entre mulheres. Fomos feitas para ser irmãs e parceiras, não para ter medo umas das outras. Precisamos parar de julgar outra mulher só porque ela usa uma roupa de que não gostamos, ou um batom que não achamos bonito, ou porque ri de um jeito estranho. Quando baixamos "as armas" para outra mulher e a entendemos, podemos ser parceiras. Isso se chama SORORIDADE, a maior força que uma mulher pode experimentar. O Instituto Dona de Si começou sob esse pilar.

Muito se fala em sororidade, mas a ação ainda é pouca, não é mesmo? A sororidade é quando você realmente presta atenção em outra mulher, mesmo que não seja sua amiga, e se importa se ela está bem ou se precisa de ajuda. Sororidade não é ser melhor amiguinha, é ser parceira no metrô caso outra mulher esteja sendo importunada, é ser parceira na mesa de reunião quando essa mesa estiver cheia de homens, é acreditar no talento da outra e, sobretudo, pôr tudo isso em AÇÃO! É isso que o Instituto Dona de Si promove: conexão entre mulheres, sendo um espaço de criação no qual todas podem expressar seu potencial ao máximo e, assim, colaborar entre si. Quando surge um desafio para alguma de nós, damos um *input* uma na outra, e as questões vão sendo resolvidas de maneira mais fácil, ficando mais prazeroso construir uma trajetória.

Dessa forma, o Instituto Dona de Si estava indo muito bem, com muitas ações e patrocínios engatilhados, até que...

A PANDEMIA CHEGOU TRAZENDO DESAFIOS A SEREM VENCIDOS E MUITAS PERGUNTAS A SEREM RESPONDIDAS

Como vamos manter o Instituto Dona de Si? Como vamos despertar quem ainda não se descobriu uma DONA DE SI? Como vamos nos apoiar para que nenhuma DONA DE SI se desespere? Como cada uma de nós vai deixar sua chama acesa? Como vamos lidar com nossa equipe nesse novo cenário que se apresenta?

Se não encontrássemos rapidamente respostas para essas questões, iríamos acabar fechando, mas...

... ninguém da equipe do instituto permitiu que isso acontecesse. Consegui negociar os salários de todo mundo, porque aqui é proibido trabalhar de graça, baixamos o *fee* mensal e tivemos a ideia de fazer um INSTITUTO AUTOSSUSTENTÁVEL. Como? Inserindo o instituto e a jornada no mundo digital.

Mas, antes, é importante que você saiba: no dia seguinte ao *lockdown*, fomos procuradas por mulheres desesperadas por mentorias e fizemos várias gratuitas, impedindo que muitos negócios fossem à falência. Além disso, realizamos *lives* com aulas de como proceder em negociações, de como firmar parcerias e de como gerenciar a maior crise até agora vivida no século XXI.

Qual o resultado disso? Leia a seguir alguns cases de microempreendedoras cujos negócios ajudamos a salvar com nossas mentorias gratuitas durante o pior momento da pandemia do coronavírus.

MAIKA CELI
42 anos – Piracicaba/SP.
Área: causas (idealizadora do Movimento Vitiligo – Meu Lugar ao Sol e mentora da primeira lei de conscientização sobre o vitiligo no Brasil)

"Há quatro anos, sofri um assédio no trabalho e, desde então, decidi trabalhar para ajudar outras mulheres a transformarem essa dor, ressignificá-la para, assim como eu, conquistarem o seu 'lugar ao sol'. Nessa caminhada, conheci o Instituto Dona de Si e, durante a pandemia, comecei a mentoria com Suzi Pires e a JORNADA TRANSFORMADORA DONA DE SI. Tudo isso abriu meus horizontes, fazendo com que eu enxergasse melhor o universo do empreendedorismo social, deixando assim as inseguranças que minha 'vilã interna' me fazia sentir e tornando-me protagonista da minha caminhada. O que posso dizer é que, em todo o processo da jornada, uma frase da Suzana me marcou muito e me fez agir: 'Não tenha a necessidade de se mostrar perfeita, mas seja competente naquilo que você decidir fazer'. Tento praticar isso diariamente, fazendo a diferença na minha autoestima. Todos os dias. É uma oportunidade, realmente, transformadora. Gratidão."

DORALYCE
33 anos – Recife/PE.
Área: música (cantora e compositora)

"O ano de 2020 foi muito difícil e vai marcar a minha história como um período de impossibilidades. No entanto, meu encontro com o Instituto Dona de Si, também em 2020, foi a oportunidade que eu precisava para olhar além do óbvio, do caos que estava acontecendo e da ansiedade que eu sentia pela situação. A mentoria me fez olhar para a minha realidade de outra perspectiva, e isso me devolveu as minhas habilidades, me trouxe possibilidades e me fez ver como traçar o caminho para conquistar minhas metas. Eu acordei, fiquei sem medo no meio daquele caos. Em 2021, quero ficar ainda mais dona de mim!"

MAEVIA MORAIS
43 anos – São Paulo/SP.
Área: moda (sócia fundadora da Maevia Shoes)

"Minha relação com a JORNADA TRANSFORMADORA DONA DE SI começou por acaso. Eu vi uma *live* da Suzi Pires, e a primeira coisa que pensei foi: o que essa atriz da Globo está falando sobre colocar o 'pão na mesa'? Mas segui acompanhando e me chamou atenção o cuidado dela com as mulheres. Em seguida, ela lançou a jornada. Fui uma das primeiras a entrar. Para mim, naquele momento de começo de pandemia, a jornada foi realmente transformadora. Consegui organizar minha vida pessoal e profissional, além de desenvolver mais coragem para agir. Também fiquei mais bem informada e, por isso, consegui ter mais clareza nas minhas decisões. Eu me senti apoiada num momento difícil e ainda fiz crescer minha marca! Sigo na jornada!"

UMA DONA DE SI É LÍDER, PORTANTO...

... eu tinha a responsabilidade de estimular minha equipe e traçar um plano para que pudéssemos continuar existindo. Foi aí que a sororidade falou muito alto: todas se juntaram, fizeram concessões, e conseguimos pôr no ar a PLATAFORMA do instituto, inserindo toda a JORNADA TRANSFORMADORA DONA DE SI ali, por um preço irrisório para que qualquer mulher pudesse ter acesso às aulas e à formação empreendedora.

Para as mulheres que não podem dispor de R$ 50 por mês para custear sua formação, criamos o Programa Embaixadora Dona de Si, no qual uma mulher bem-sucedida custeia a entrada de cinco, dez, vinte ou até cinquenta mulheres na plataforma. Temos um banco de microempreendedoras informais que precisam desse auxílio, e vamos incluindo-as nas turmas de cada embaixadora.

Comecei a espalhar a mensagem desse programa pelo meu WhatsApp e, em dois meses, conseguimos acesso gratuito para duzentas mulheres, por meio das embaixadoras Antônia Frering, Mariliz Pereira Jorge, Maria Elizabete Carvalho, Sigrid Dias, Angélica, Flavio Garcia da Rocha, Ana Paula Araújo, Kênia Maria, a cantora Cleo, Lu Rodrigues, Silvia Machado, Ana Zamper, Flavia Camanho, Lais Trajano, além da primeira marca que se uniu a nós nessa empreitada: o shopping Cidade Jardim, acelerador de vinte mulheres do ramo da moda.

Fora o Programa Embaixadora, conseguimos vender uma média de duas entradas por dia na jornada, e hoje já somos mais de quinhentas mulheres estudando dentro da nossa plataforma, com acesso a *lives* fechadas comigo para tirar dúvidas, grupos no WhatsApp e Telegram, em que celebramos vitórias e ajudamos umas às outras. Após seis meses de uma batalha árdua para não deixarmos meu sonho morrer, estamos, finalmente, vivas de novo!

Eu falei "meu sonho", mas preciso me corrigir: hoje, o Instituto Dona de Si é o sonho de toda a equipe que trabalha comigo. Nossas dez incríveis mulheres são profissionais de ponta em suas áreas de atuação, quase todas oriundas de grandes corporações em busca de uma atividade em que pudessem ganhar um dinheiro digno, mas com muito propósito no seu dia a dia. Temos ex-funcionárias da Embratel, da Rede Globo, da Vale, e também mulheres que passaram pela jornada e vieram trabalhar com a gente. Eu não consigo expressar em palavras o tamanho da minha felicidade.

Depois de algumas cabeçadas para lá e para cá atrás de uma CEO para o instituto, uma pessoa que fosse a diretora de todas as nossas operações, olhei para o lado e ela estava ali: minha irmã, Giselia Carvalho, engenheira eletrônica e de telecomunicações, uma mulher que trocou uma grande empresa por qualidade de vida e propósito. Ela se tornou meu braço direito, outra dona do sonho. Se antes eu ficava preocupada com as ações do instituto sempre que precisava me ausentar para gravar ou escrever, agora fico sossegada. Tenho a melhor CEO que poderia imaginar, e as nossas aceleradas, a melhor cabeça pensando em ações para melhorar suas vidas. Minha irmã é uma gênia, e meu maior orgulho é ter essa mulher que sempre me inspirou acreditando em algo que criei. Hoje, o instituto é nosso e de todas nós. Seu também, caríssima leitora.

A pandemia foi um teste de resistência para todas as equipes e, principalmente, para os líderes. Entendi que, no novo cenário econômico, a tarefa de liderar precisa ser dividida entre todas as pessoas que trabalham com você, não importa se duas, três, trinta ou cem. O protagonismo (e o preço a se pagar por ele) continuará sendo seu, mas é preciso dar espaço para sua equipe manifestar como foi impactada pela crise, pois só assim todos poderão se apoiar mutuamente.

A partir de 2022, não será mais possível ver somente o lado profissional das pessoas, será preciso levar em conta também suas questões particulares e suas subjetividades. Passa a importar onde elas moram e com quem, se têm filhos ou pais idosos, entre outros aspectos da vida pessoal de cada uma, porque a sororidade estará nos pequenos detalhes. Isso será fundamental para uma DONA DE SI que queira sobreviver ao pós-pandemia. Na sua equipe, haverá gente e não mais fazedores de coisas; gente briga com o marido/a esposa, perde pessoas, se envolve em relações abusivas às vezes, fica mal da cabeça outras vezes, melhora; mas o fato é que você nunca mais vai poder fingir que não viu o quanto tudo isso pode abalar um profissional. É importante ter esse conhecimento, avaliar como a pandemia impactou cada pessoa que trabalha com você e oferecer ajuda, que pode ser um tratamento, se sua empresa puder arcar, ou alguns dias de descanso, por exemplo.

É nesse ponto que a diferença entre uma DONA DE SI e um empreendedor sem esse treinamento se evidencia. O homem chega e diz sem rodeios: "Temos que cortar custos". Para nós, mulheres, é muito difícil fazer isso. Queremos realmente dar conta de tudo, mesmo quebrando a cara. O grande motivo de muitas mulheres falirem, quando seu empreendimento completa os três primeiros anos, é isso de querermos segurar a onda de todo mundo.

Preciso dizer novamente: você não é mãe do mundo. Você é dona do seu negócio. É empreendedora de si mesma. E, para pôr isso em prática, não precisa ser fria com as pessoas. Número não tem nada a ver com frieza. Número é gente, é sua equipe. Então, se você tem uma secretária que ganha X, é preciso ver como fará para passar a pagar a metade desse valor para não a deixar sem emprego. Agindo dessa forma, você vai manter a sua chama interna acesa. Esse tem que ser o seu projeto até que a economia seja reconstruída: manter o seu negócio e a sua equipe o máximo que puder. Sair demitindo loucamente não é a solução para conseguir se livrar da falência. Existe um monte de coisas a serem negociadas entre você, seus funcionários e seus clientes.

Estou falando de um momento específico que o mundo está vivendo, enquanto escrevo este livro. No entanto, fiz questão de deixar isso registrado aqui, porque essa é uma postura que deve ser tomada em qualquer crise, não só durante a atual pandemia.

Sou dona da minha empresa. Sou empreendedora de mim mesma desde os 15 anos de idade. Sempre fui gestora das minhas equipes. Hoje, tenho parceiros e sócios, estou em outro momento da minha vida empresarial e posso afirmar algumas coisas com convicção, como as que se seguem.

PONTO 1: o dinheiro não vai acabar no mundo

Ele nunca acabou, nem na Grande Depressão de 1929, considerada a pior e a mais longa época de recessão econômica do sistema capitalista no século XX. O que acontece é que o dinheiro muda de mãos. A cada cem anos, algum acontecimento na história da humanidade faz o dinheiro passar a fluir de maneira diferente.

Na Revolução Francesa, quando cortaram a cabeça da nobreza, o dinheiro foi para as mãos da burguesia, que se tornou dona de bancos e grandes empresas, os quais, por sua vez, quebraram com a crise de 1929. Depois, veio a Segunda Guerra, gerando outra baita crise. E assim, de crise em crise, chegamos a 2008, quando um dos bancos de investimentos mais tradicionais dos Estados Unidos, o Lehman Brothers, foi à falência, e as bolsas do mundo todo despencaram, levando outros bancos a perdas bilionárias. Até que, em 2020, veio a pandemia do coronavírus.

Depois da crise que estamos vivendo, o dinheiro também vai mudar de mãos. Vai sair da posse de quem não está disposto a mudar seu modo de se relacionar com clientes e funcionários. No mundo atual, a economia patriarcal está perdendo espaço. Ninguém mais entra em uma empresa para permanecer nela por cinquenta anos. Cada pessoa deve ser dona de sua trajetória profissional e ter seu CNPJ, do mesmo jeito que tem o CPF. Por isso o MEI (Microempreendedor Individual) é tão importante: ele legitima um CPF como CNPJ, sem você ter necessidade de construir uma empresa para isso. Um MEI permite que você trabalhe!

Quando o dinheiro muda de mãos, a maneira de as pessoas se relacionarem também é alterada. Na época da Monarquia, não existia ascensão social. Você era aristocrata ou pertencia ao povo. Havia uma distância imensa entre essas duas classes, e a burguesia ocupou a faixa entre nobres e bastardos. Hoje, o grande problema do nosso país é o degrau enorme entre a burguesia e o povo. É justamente nesse espaço que o dinheiro vai se acumular, já que o consumo não parou nem vai parar. E isso acontecerá por meio de uma nova conexão entre as pessoas.

Por exemplo, se você é tinturista e o salão onde trabalhava fechou porque os clientes não podiam mais frequentá-lo na pandemia, não adianta se desarvorar. Não é hora disso. O controle emocional é que vai ser a sua base para encontrar soluções. Uma vez que, provavelmente, você tem as tintas no seu estoque e sabe qual a preferência de suas clientes, uma alternativa seria mandar o produto para elas e gravar um vídeo explicando como aplicá-lo. Os serviços precisam ser diferentes, pois temos novas necessidades. São esses novos tipos de relações que vão gerar dinheiro a partir de agora.

Portanto, DONA DE SI, se você entender qual o seu ponto forte e onde o seu calo aperta, vai conseguir sair da inércia.

PONTO 2: nosso maior inimigo é o desespero

Todo mundo, em algum momento, já esteve na pior, até mesmo quem nasceu em berço de ouro. Eu já vivi sem estabilidade nenhuma, dependendo de arrecadação de bilheteria para pagar as contas. O fato é que ninguém no mundo está garantido.

Sendo assim, DONA DE SI, quando o desespero bater, chore o que tiver que chorar, ponha toda a emoção para fora, mas não pense que o jogo acabou para você, nem saia do tabuleiro, pois os dados ainda estão rolando. O que irá deixá-la de pé é seu novo projeto. Se apostar nele, conseguirá manter seu farol aceso, o seu emocional irá amadurecer, e você terá condições de entender a nova dinâmica da economia que está chegando.

O lado emocional feminino deve ser trabalhado a nosso favor. Nós temos os sentimentos à flor da pele, choramos, somos intuitivas. Não é mais momento de achar que sua sensibilidade está fazendo com que perceba alguma coisa que ninguém está vendo e que, por isso, pode acabar sendo chamada de maluca. Agora é hora do pé na porta feminino. A economia patriarcal vai perder dinheiro. Um homem que pensa que milhares de mortes decorrentes de um vírus não importam não vai sobreviver na nova ordem econômica. Nós não somos números. Somos corações batendo. É hora de buscar outras referências.

PONTO 3: qual a nova estratégia?

Não existe mais zona de conforto. Mesmo sem coronavírus, poderia acontecer alguma outra mudança que afetaria a todos. A transformação já estava batendo à nossa porta havia tempos. A estratégia para sobreviver no novo mundo é a lealdade. Você pode até achar que isso é uma coisa muito boba quando se trata de dinheiro, mas posso garantir que não é. O que importa, agora, é você saber qual é a dor de seu cliente (ou da empresa em que você trabalha) e a sua também, para poderem se ajudar mutuamente. O coronavírus afetou a todos, mas as feridas são distintas. Pergunte a si mesma: qual é a sua ferida nesse momento? Quais os desafios que está tendo agora?

Só vai se manter de pé quem entender que, às vezes, perder dinheiro é ganhar a lealdade do cliente, e não importa que tamanho seu negócio tenha. Nos novos balizadores econômicos, não existe mais espaço para exploradores. Estamos todos no mesmo barco e temos que ter flexibilidade de negociação. Precisamos aprender autogestão emocional.

Na nova ordem mundial, todos nós choramos e somos o lenço um do outro, estabelecendo uma cadeia de lealdade entre pessoas para reconstruir a economia. No lugar do lucro financeiro, o principal valor será o comportamento do prestador de serviço com o cliente, com qualquer pessoa, inclusive consigo mesmo. É nesse lugar que podemos depositar as nossas fichas de esperança.

COMO HACKEAR O SISTEMA?

O mercado de trabalho nada mais é do que a extensão de uma feira na praça, onde um vende e o outro compra, fazendo, assim, a economia girar. O problema é que as regras desse mercado foram instituídas por quem o criou: homens brancos e heterossexuais. Mulheres, negros e gays ficaram fora da economia, já que: mulheres brancas serviam para ser esposas procriadoras; mulheres negras, empregadas; homens negros, para carregarem peso; e, entre homossexuais, mulheres se tornavam prostitutas de orgias, e homens, párias degenerados que mereciam a morte.

O Brasil foi construído a partir desse sistema colonial, e foi assim que delimitamos a zona nobre da periferia, dividimos o país entre pobres (negros) e ricos (brancos), e tiramos qualquer poder público das mulheres. E o que acontece agora? Quem nunca foi aceito no "mercado" insistiu, hackeou o sistema e pôde, a duras penas, entrar e se sobressair na praça das vendas. Porém, foram poucos que tiveram essa sorte. Isso desencadeou outro problema, que é a impressão de que as mulheres ou as pessoas negras que conseguiram posições de destaque estão nesse lugar porque têm habilidades fora do normal. Não. Essas pessoas fizeram concessões, tiveram que se masculinizar ou se embranquecer para caber no "clubinho".

Com a pandemia, esse caldeirão mentiroso explodiu. Era a fagulha que faltava para as mulheres entenderem a mentira que estavam vivendo, acreditando que tinham as mesmas oportunidades que os homens; foi, principalmente, o caldeirão racial que explodiu na nossa cara burguesa! George Floyd acendeu a centelha com sua trágica e injusta morte, e, hoje, estamos vivendo a abertura da "praça de negócios" para a inclusão real de pessoas negras, por meio de empresas como a Magalu, que decidiu contratar apenas funcionários negros como trainees em 2021, numa iniciativa chamada de "ação afirmativa", ou seja, que visa combater os efeitos acumulados de discriminações ocorridas no passado. Palmas para a Magalu, que entendeu a importância de transformar a sua "praça" num ambiente para todos.

O sistema, as regras, os procedimentos e protocolos são inventados e organizados pelos donos do dinheiro, que, mesmo com todos os movimentos de inclusão, ainda são homens brancos. Portanto, para que você, leitora, possa existir no mercado e ter investimento no seu negócio, é necessário que saiba hackear esse sistema, que, mesmo em processo de transformação, ainda é o vigente.

Caso desistamos de penetrar no sistema, perderemos tudo o que conquistamos até agora. A consciência de que o dinheiro que passa pela sua mão tem dono, e no caso um homem branco, é fundamental para que você entenda as dificuldades que irá enfrentar. E, principalmente, como vai sair delas. Essa concentração de riqueza do mundo na mão de 2% de pessoas com determinadas características de gênero e raça é o grande relacionamento abusivo de que precisamos dar conta, diariamente. Não será só você. Somos todas nós. E juntas, a força é maior.

Isso é a tal da SORORIDADE.

MULTIPLICAÇÃO

COMO EU PENETREI NO SISTEMA E O ALTEREI

Como já contei, a peça *De perto ela não é normal!* fez a minha carreira de atriz e autora acontecer. Pois bem, depois de transformar a Tia Suely, personagem da peça, em estrela de websérie no Gshow, consegui vender a ideia de fazer um filme sobre a peça para a TV Globo e tive sinal verde para começar a trabalhar no roteiro. Era o ano de 2015. Fiz o primeiro tratamento do roteiro – para quem não é do ramo, trata-se do rascunho do que será um bom roteiro. Pois bem, munida desse roteiro, fui atrás de alguém para fazer um *doctoring* para mim, ou seja, uma supervisão para melhorá-lo, mas não rolou. Pelo contrário, recebi a notícia de que o filme não seria produzido.

Como para mim a palavra "não" só existe se eu quiser que ela exista, segui meu instinto e fui fazer um curso de roteiro de cinema com um gringo, no qual pude aplicar tudo o que aprendi no segundo tratamento do meu projeto, visivelmente já bem melhor que o primeiro. Entreguei mais uma vez o roteiro para ser avaliado e voltei a receber "não" como resposta. Não para eles, porque eu seguia dizendo sim para mim.

Até que a vida me pôs diante de um superprodutor de cinema na época, que topou ler o roteiro e, em apenas um dia, me retornou dizendo que queria produzi-lo. Ah! O não começava a se tornar sim. No entanto, uma das partes da engrenagem do filme não acreditava que eu pudesse assinar um roteiro e exigiu que outro roteirista fosse contratado para a tarefa. Como eu já estava muito ocupada escrevendo uma novela, topei e dei o material para esse profissional.

Após seis meses, recebi de volta um roteiro que tinha tudo, menos a história da minha peça! A protagonista que originalmente era uma mulher que batalhava para "chegar lá" havia sido transformada numa piriguete em busca de marido rico, e a Tia Suelly morria na história. *What?!* Esse filme não é o meu filme! Depois de muita briga, toparam contratar outro roteirista para colaborar comigo na escrita, e essa solução foi ainda pior. O cara dava chilique toda vez que eu encostava no roteiro e transformou a minha história, censura livre, num filme para adultos, com direito a cena de orgia!

Nessa fase da produção, já tínhamos a figura do distribuidor, que é o dono do filme, pois é quem mais põe dinheiro, e tive que ir até ele mostrar o que tinham feito com a história da peça a que ele assistira e comprara. Ele me deu apoio e assentiu que eu fosse a responsável pela escrita do roteiro. Com isso, consegui escrever com a ajuda de minha equipe – Martha Mendonça e Renato Santos – o roteiro que seria filmado.

Foram três anos para que acreditassem que eu podia escrever o roteiro da história que eu mesma tinha inventado! Não havia machismo nem misoginia nisso?

Depois de muitas brigas e algumas inimizades, consegui filmar com o elenco que sempre sonhei e uma equipe incrível. Também obtive a cláusula de inclusão para o filme, que é quando a protagonista (sendo produtora associada do filme) solicita à produtora que a equipe e o elenco sejam escalados de acordo com a diversidade existente na sociedade. Conseguimos, com isso, furar alguns bloqueios, como na trilha sonora, na edição e na escalação dos atores negros para papéis de gente rica e poderosa. Quebramos a hegemonia de apenas caras brancos do Leblon ocupando essas funções em grandes filmes brasileiros. Isso me deixou muito, muito feliz.

O resultado é um filme que é *mainstream*, mas que tem assinatura própria. Esse é o tipo de qualidade que me interessa entregar ao público. Pode não ser o caminho mais fácil, mas é o caminho mais bonito. E o resultado? Ah, o resultado!

Fiz um filme sobre aquela peça na qual havia investido R$ 3 mil lá no começo, e que, quinze anos depois, se transformou num filme imenso, em que levei em conta incluir mulheres em todas as suas etapas: desde o roteiro até as cabeças das equipes de direção, produção e trilha sonora. Tudo. Meu desejo foi quebrar paradigmas dentro do próprio cinema, a começar pelo preconceito que o próprio mercado tinha com o fato de eu ser a roteirista.

De perto ela não é normal! é um filme com orçamento alto para padrões brasileiros, foi um dos maiores lançamentos de 2020, arrecadando uma quantia alta de dinheiro, multiplicando meu investimento inicial de R$ 3 mil há quinze anos, mais de dez mil vezes. Isso é evidência de sucesso, de tenacidade, de compromisso com o meu sonho e a realização dele, mas reflete, principalmente, meu absoluto potencial de criar uma jornada capaz de transformar a vida de milhares de mulheres. Reflete ainda o meu respeito pelos meus sonhos de menina e pelos seus sonhos também, caríssima leitora.

Hoje, eu afirmo: sou uma DONA DE SI. E você? Vem comigo?

PARTE 3

ASSUMINDO UM COMPROMISSO COM VOCÊ MESMA

"VOCÊ QUER REALIZAR SEUS SONHOS DE MENINA?"

Primeiro, quero dizer que sei que a expressão "sonhos de menina" pode soar clichê, piegas e melodramática, mas acho que devemos dar o devido respeito ao clichê, que é tudo o que você já viu ou leu diversas vezes e que não perdeu seu significado original. Aqui, peço que resgatemos o sentido original de menina.

Quando você era menina, a castração começou logo depois de seus primeiros passos. Normal. Seus pais não fizeram isso de propósito. Eles estavam condicionados, culturalmente, a direcionar meninas de uma determinada maneira: não se machuque para não ficar cheia de marcas, não se jogue do trepa-trepa para não sujar o vestido, não ria alto para não chamar muita atenção, não fique com todos os garotos da turma para não se tornar malfalada. Enfim, foram tantos "não faça isso" no sentido de preservar um comportamento adequado que você foi esquecendo sua essência, aquela originalidade que a faz feliz por levá-la a ser quem realmente é.

Pode ser que você tenha sido o tipo de menina que lutou contra tudo isso, mas, mesmo assim, conseguiram enfiá-la em alguma caixa. É normal. O que eu não aceito é que você passe mais um minuto longe dessa menina espontânea, essencial, que está presa dentro de você. É no desejo dessa menina que reside o seu "chegar lá", o seu talento original, é aí que se encontra o que você nasceu para fazer e dar ao mundo.

Tente lembrar: você era quieta, expansiva, bagunceira? O que gostava de fazer? Do que gostava de brincar? De todas as brincadeiras, em qual você se esquecia do tempo? O que fazia tanto sentido para você que nada mais existia? Lembrou? Então, fácil, não? É a essa lembrança que você precisa se agarrar e entendê-la. Se você tem uma tia mais velha, uma avó, pergunte a elas histórias da sua infância e fique atenta: sua essência perdida está aí.

Essa menina tinha um sonho que pode ser qualquer um: costurar vestidos, consertar telefones, pilotar aviões, fazer sapatos, plantar árvores, cuidar dos bichos, fazer comida, dançar em uma varanda, pintar, andar de patins em áreas perigosas, arrancar a perna da boneca para consertar ou cortar o cabelo dela... e por aí vai. Você vai encontrar a resposta, e, quando isso acontecer, um click vai estalar em seu coração. A partir daí, as inseguranças serão bem menores, a coragem tomará a frente das suas decisões, e você não terá dúvidas sobre qual caminho seguir, mesmo que a chamem de louca.

Você terá de superar a força contrária que recairá sobre você e que é do mesmo tamanho da sua alegria. Essa força é a necessidade dos outros de nos controlar e faz parte do jogo. Caberá a você ser firme, mostrar que você está decidida e que não irá tolerar que ninguém a diminua!

Se você tiver que se afastar de algumas pessoas queridas, isso vai doer, mas saiba que, quando seu plano começar a dar certo, tudo passa e ninguém mais fala no assunto. Ao contrário, vão dizer o quanto a apoiaram. Falando em apoio, nesses momentos de decisões, mudanças, de colocar sonhos em prática, o apoio virá de pessoas que não são íntimas. São pessoas que verão seu potencial sem que nada lhes turve a visão. Aceite essa ajuda e saiba que você não precisa ser a melhor amiga de todos. O objetivo é que seja parceira.

Você também se sentirá sozinha. Mas esse sentimento não é novidade. Quantas vezes essa menina não se sentiu solitária ou até mesmo excluída e voltou para a brincadeira mesmo assim? Criança tem uma força imensa, resgate essa habilidade interna. Não leve sua solidão para o lado pessoal, mas para o lado profissional. A sua vida está sendo posta na direção certa e ninguém mais pode fazer isso por você. É um processo solitário, ainda que você seja casada.

Em compensação, vão aparecer pessoas em seu caminho que também estão dando essa guinada, e você aprenderá muito com elas, principalmente a ter distanciamento emocional do que acontece, sem achar que tudo é um complô contra você. Existirá um grupo de mulheres (DONAS DE SI) para apoiá-la e ajudá-la no que for preciso e que fará parte da realização do seu sonho. Quanto mais você se jogar nessa mudança de caminho em busca de sua felicidade, mais respeito terá de todos, até mesmo dos despeitados. Você vai atrair invejosos, mas saiba que essas pessoas só gostariam de estar no seu lugar. Não fique com raiva por muito tempo. Afaste-se.

Minha experiência aprendendo e ensinando tantas mulheres me mostrou que existem três formas de se reconectar com os sonhos de menina:

1. Pelas lembranças da infância.
2. Pela certeza que isso gera.
3. Pela força de realização que surge dentro de você.

Mesmo que sua infância tenha sido difícil, com problemas familiares, você era uma criança e teve a capacidade de inventar as brincadeiras prediletas para diminuir sua dor. Sua essência está justamente nessas brincadeiras e não nas brigas que presenciou.

O objetivo de você se deixar ser guiada pelo seu sonho de infância é a tenacidade que ele gera. Você terá bem menos chances de desistir e mais resistência às pancadas que virão, sabendo como se esquivar delas, porque estará conectada à sua verdade.

O motivo mais forte para atender ao chamado do SONHO é conectar-se com sua essência, com aquilo que você tem que fazer, senão você para de respirar. Os sonhos de infância têm essa força. Isso vai lhe trazer mais vigor e torná-la mais assertiva em suas escolhas. Pode acreditar!

De qualquer forma, você precisa ficar atenta aos três vilões dos sonhos, que são:

1. A força normatizadora contrária aos sonhos, o famoso "a vida não é assim".

2. A caixa machista em que vão tentar colocá-la, o famoso: "Você não tem mais tempo para namorar. Mulher sem homem não tem tanto valor, hein!".

3. A sua vontade de ser igual a todo o mundo, o famoso "ser diferente dá trabalho".

Para mim, existem três coisas que sempre me mantêm conectada no meu SONHO:

1. Questionar: a vida não é assim para quem? E ter referências de mulheres que alcançaram o que você deseja.

2. Perguntar-se qual a necessidade de ter sempre um namorado, ou um marido, ou alguém ao seu lado que não apoia a realização de seus sonhos.

3. Aproximar-se de gente que não queira ser igual a todo mundo, para que você possa se alimentar de autenticidade.

Ter o objetivo firme de retomar a jornada do seu SONHO é a única forma de você se sentir mais:

1. Segura.
2. Autêntica.
3. Corajosa.

O benefício do caminho do sonho é que você irá construir algo seu, uma trajetória escolhida a partir de suas crenças e verdades, sem concessões para agradar a outras pessoas, a não ser à sua menina interna. Inclusive, espalhe, pela casa toda, fotos suas de quando era menina. Isso vai ajudá-la a se manter conectada a ela. Marina Lima canta: "Agora descubra de verdade o que você ama... E o mundo pode ser seu".

Este livro é todo feito para tornar mais simples a retomada da sua jornada original, que é o seu sonho de menina, e assim contribuir em seu fortalecimento como DONA DE SI. Meu sonho é que mulheres possam conversar livremente sobre dinheiro, amor, carreira, família, saúde, sem que se julguem, se critiquem ou entrem em competições sobre quem tem a melhor vidinha.

Tenha a sua vida! Se você achar que nela cabe um marido e filhos, ótimo. Vá atrás disso. Mas você precisa estar consciente, alerta e acordada, sempre lembrando que sua decisão de tornar-se DONA DE SI é o primeiro passo.

Impeditivos como não ter dinheiro, estar velha ou não ter estudado o suficiente estão ultrapassados e não podem mais ser alimentados. Agora é o momento de decidir as novas coisas que vão alimentar a sua vida. Você é livre para atualizar todos os seus objetivos e realizar novos sonhos. Aproveite! Faça novos negócios! Divirta-se com pessoas que a respeitem! Queira conquistar mais!

Há uma frase de Nietzsche maravilhosa que se encaixa perfeitamente para qualquer DONA DE SI: "Nunca é alto o preço a se pagar pelo privilégio de pertencer a si mesmo". O valor dos sonhos de menina é essencial para você se tornar o que sempre teve talento e vocação para ser. Lembre-se de tudo o que você sentia quando deixava a imaginação correr solta... Você podia ser rainha, arqueóloga ou fazer os bolos mais deliciosos. Você podia tudo! A descrença, a castração e as regras culturais podem até ter desbotado os seus sonhos, mas não os mataram; mantê-los acesos nos momentos difíceis é fundamental para você conseguir sua independência completa: financeira, de pensamento e de comportamento.

Você já sabe tudo o que pode levá-la a ser mais confiante e fazê-la uma DONA DE SI.

\# Tenha metas mais ousadas!

\# Tenha comportamentos mais soltos!

\# Tenha pensamentos mais livres!

Ao final, o que importa é você. Portanto, respeite e aprimore seu estilo de agir, seja apoio para outras mulheres que não têm o seu conhecimento e sua experiência. Busque conexão com aquelas que já passaram por coisas diferentes das suas vivências e podem compartilhá-las com você. Divida com o mundo seus talentos e habilidades. Todos merecem... E você merece mais!

Obrigada pela escuta e pela confiança. Aplausos para a sua coragem e por ser a mulher que você é, caríssima DONA DE SI.

EPÍLOGO

AGORA É SUA VEZ

A JORNADA TRANSFORMADORA DONA DE SI jamais será um caminho solitário. O Instituto Dona de Si estará sempre disposto a apoiá-la, apesar de esse ser um processo individual de transformação, uma vez que cada mulher que se une a nós tem sua história, sua subjetividade e seus anseios. Sendo assim, o primeiro passo tem que ser de cada uma e consiste em assumir um compromisso consigo mesma.

A seguir, disponibilizo o Contrato, que irá auxiliá-la a estabelecer esse comprometimento de sair da caixinha na qual a sociedade patriarcal insiste em confiná-la e assumir a responsabilidade pela sua existência. Depois disso, o instituto, eu e outras DONAS DE SI estaremos aqui do lado de fora para apoiá-la, em nossos grupos de WhatsApp, Telegram, em e-mails e na JORNADA TRANSFORMADORA DONA DE SI.

Preste bem atenção: a partir desse ponto, a semente DONA DE SI começou a germinar dentro de você e sua única função agora é alimentá-la para que ela cresça e a transforme na melhor versão de si mesma.

Você vai sentir as mudanças nas suas ações, despedindo-se do seu modo vilã, que não acredita em si mesma, para assumir seu modo PROTAGONISTA, que não precisa da validação de ninguém para construir seu caminho. Ou seja, uma mulher feliz, segura e que tem orgulho do caminho que está construindo, que não se sabota, que mete a mão na massa e faz! Uma mulher que se experimenta, se arrisca, sabendo para onde quer ir.

Enfim, chegou a hora de você assinar um contrato consigo mesma! Seja bem-vinda à melhor versão de si mesma!

CONTRATO DE COMPROMISSO
ENTRE MIM E EU MESMA

"De um lado, denominada CONTRATANTE, _____, com sede na Rua _____, inscrita no CNPJ sob o número ou CPF: _____, doravante denominada _____ **DONA DE SI**".

De outro lado, denominada CONTRATADA,

_____, ou _____ _____, com sede na Rua _____ _____, inscrita no CNPJ sob o número _____, neste ato representada por sua sócia proprietária _____ _____, portadora da cédula de identidade R.G. _____, inscrita no CPF _____, residente e domiciliada na Rua _____.

CLÁUSULA 01

O presente contrato tem por objetivo a realização do sonho _____ _____ _____ _____, denominado SONHO REAL, pela CONTRATADA.

CLÁUSULA 02 – DO PROPÓSITO E DOS OBJETIVOS

A realização do SONHO REAL pela CONTRATADA se dará direcionado pelo propósito de _____ _____ _____, organizado pelos seguintes objetivos: _____ _____ _____

CLÁUSULA 03 – DO EMOCIONAL

A CONTRATANTE se compromete a disponibilizar para a CONTRATADA: assessoria terapêutica e todos os recursos de habilidades extras necessários para a conquista do SONHO. Aqui listados os três principais:

_____
_____

CLÁUSULA 04 – DA PRÁTICA

A CONTRATANTE se compromete a disponibilizar para a CONTRATADA um planejamento semanal de ações na direção da conquista do SONHO, que será apresentado todo dia _____ e realizado _____.

CLÁUSULA 05 – DAS AJUDAS

A CONTRATANTE se compromete a pedir ajuda a quem sabe mais sobre qualquer assunto e não deixar a CONTRATADA agir sob impulso. Sempre privilegiar as seguintes pessoas: _____
_____.

CLÁUSULA 06 – DOS DRENOS DE FORÇA

A CONTRATANTE se compromete a colocar a seguinte estratégia em prática: _____
_____
_____, para que a CONTRATADA consiga se afastar das seguintes pessoas que drenam suas forças: _____
_____
_____.

CLÁUSULA 07 – DA POTÊNCIA DAS FORÇAS

A CONTRATANTE se compromete a fomentar os seguintes pontos de força da CONTRATADA: _____
_____, realizando as seguintes ações para isso: _____
_____
_____.

CLÁUSULA 08 – DAS FRAQUEZAS PESSOAIS

A CONTRATANTE se compromete a cuidar e jamais negligenciar os seguintes pontos de fraqueza da CONTRATADA: _____
_____ e realizar as seguintes ações para ajudá-la a superar: _____
_____
_____.

_____ _____ _____ _____
CONTRATANTE   **CONTRATADA**   **TESTEMUNHA 1**   **TESTEMUNHA 2**

BIBLIOGRAFIA

MITOLOGIA:

CAMPBELL, Joseph. *O poder do mito – Deusas:* os mistérios do divino feminino. São Paulo: Palas Athena, 1992.

BRANDÃO, JUNITO DE SOUZA. *Mitologia grega.* 3 vols. Petrópolis: Vozes, 2015.

FILOSOFIA:

AQUINO, Tomás de. *Sobre o ensino*: os sete pecados capitais. Trad. Luiz Jean Lauand. São Paulo: Martins Fontes, 2001.

BEAUVOIR, Simone. *O segundo sexo*: fatos e mitos. 2 vols. Rio de Janeiro: Nova Fronteira, 1980.

PLATÃO. Fédon. In: *Os pensadores.* Trad. Jorge Paleikat e João Cruz Costa. São Paulo: Victor Civita, 1972.

PLATÃO. *A República.* Trad. Anna Lia A. A. Prado. São Paulo: Martins Fontes, 2006.

ARENDT, Hannah. *O que é Política?* Trad. Reinaldo Guarany. Rio de Janeiro: Bertrand Brasil, 1998.

ARTE:

QUILICI, Cassiano. *Antonin Artaud*: teatro e ritual. São Paulo: Annablume/ Fapesp, 2004.

STANISLAVSKI, Constantin. *A construção da personagem.* Rio de Janeiro: Civilização Brasileira, 1986.

FILME:

Persona. Direção: Ingmar Bergman. Suécia: 1966. P&B (85 min.).

ENEAGRAMA:

@TheEnneagramInBusiness

Claudio Narajo e Ginger Lapid Bogda